中 华 生 活 经 典

古玉图考

【清】吴大澂 著

杜斌 编著

中華書局

图书在版编目（CIP）数据

古玉图考/（清）吴大澂著;杜斌编著. —北京:中华书局,
2013.10（2022.3 重印）
（中华生活经典）
ISBN 978 - 7 - 101 - 09597 - 5

Ⅰ. 古…　Ⅱ.①吴…②杜…　Ⅲ.古玉器 – 研究 – 中国
Ⅳ. K876.84

中国版本图书馆 CIP 数据核字（2013）第 207456 号

书　　　名	古玉图考
著　　　者	〔清〕吴大澂
编 著 者	杜　斌
丛 书 名	中华生活经典
责任编辑	舒　琴
出版发行	中华书局
	（北京市丰台区太平桥西里 38 号　100073）
	http://www.zhbc.com.cn
	E-mail:zhbc@ zhbc.com.cn
印　　　刷	北京瑞古冠中印刷厂
版　　　次	2013 年 10 月北京第 1 版
	2022 年 3 月北京第 6 次印刷
规　　　格	开本/710 × 1000 毫米　1/16
	印张 12¾　字数 120 千字
印　　　数	20001 – 23000 册
国际书号	ISBN 978 - 7 - 101 - 09597 - 5
定　　　价	32.00 元

目 录

古
玉
图
考

前　言

　　我国自古疆域广大,物产丰富,其中宝藏之类如玉石,分布广,开采早,国人用玉的历史源远流长,至今可见八千多年前的玉器,因此享有"玉石王国"的盛誉。八千多年以来,玉器亲密地伴随并影响着国人个体生活和社会政治、经济、思想、宗教、文化艺术等等的发展,其自身也成为一代代历史变迁的见证,构成了我国独特的玉文化。台湾玉器专家徐正伦曾说:"懂得古玉就懂得中国人,就懂得中国文化,因为玉的文化就是中国五千年的文化,玉的故事就是十几亿人的故事。"

　　我国玉器的使用和玉文化历史悠久,有关的记载也出现甚早,但有关玉器研究的专书出现较晚。今见最早的玉器专书是宋朝的吕大临《考古图》、龙大渊《古玉图谱》,但两书仅列图谱,而无所考证。元代有朱泽民《古玉图》,也只是记载了几十种玉器,还多沿旧说,殊乏新意。明清记玉之书渐多,但真正称得上古玉研究专著的实少,有之则非吴大澂《古玉图考》莫属。

　　吴大澂(1835—1902),初名大淳,避清穆宗讳改名。字止敬,又字清卿。号恒轩,别号白云山樵、愙斋、郑龛、白云病叟。晚清江苏吴县(今江苏苏州)人。同治初客沪上,入萍花社书画会。同治七年(1868)进士,授编修,曾上疏请停修圆明园及裁减同治帝大婚典礼。光绪四年(1878),授河南河北道;六年(1880),随吉林将军铭安办理边防;七年(1881)奉命会办北洋军务;十一年(1885),会同珲春都统依克唐阿与俄使会勘边界,据理争回被侵占之珲春黑顶子地区。不久升任广东巡抚,在任反对葡萄牙管辖澳门;十四年(1888),署河道总督,仅用四个月而使郑州决口合龙,旋实授,以丁母忧归;十八年

玉琮
良渚文化　南京博物院藏

（1892），授湖南巡抚，设求贤馆。中日甲午战争爆发，自请率湘军赴辽抗日，大败于牛庄，被革职留任。光绪二十四年（1898），又被革职永不叙用。以风疾卒于家。

吴大澂起家翰林清贵，为官之余，博通训诂辞章，又是当时著名书画家、古玩收藏鉴赏家和金石学家，书法遒丽，著作丰富，有《愙斋诗文集》、《说文古籀补》、《字说》、《愙斋集古录》；《恒轩所见所藏吉金录》、《十六金符斋印存》、《权衡度量试验考》、《吉林勘界记》等十余种，《清代七百名人传》称其"文采风流，照耀京国"（《吴大澂》）。《古玉图考》则是吴大澂在古玉研究方面的一部专著。

《古玉图考》不分卷，于光绪十五年（1889）由上海同文书局石版影印，封面题"古玉图考"，署"光绪己丑孟夏吴大澂"；书首有《古玉图考叙》，落款"光绪十有五年岁在己丑夏四月八日吴县吴大澂书于济宁节署"。正文图文并茂，考说古玉四十余种近二百余件。古玉图由大澂族弟吴大桢绘制。图后按类附有器物尺寸、名称、用途、年代的文字说明，内容丰富，直观易晓，前所未有。所以才一问世，即受到国内收藏界和学术界极大重视，并很快传至日本和欧美，逐渐被尊为古玉研究的经典之作，其说则多被奉为不刊之论。北美研究中国学术的先驱者之一的伯索尔德·劳佛1912年于芝加哥自然历史博物馆出版的《玉石——中国考古和宗教之研究》一书中即宣称："由于吴（大澂）的材料的巨大考古价值，我几乎全部加以复述。"并评价说："吴大澂没有被旧的桎梏所束缚，也未曾被他接受过的学术传统所阻碍；他用清晰开放的头脑，批判了注疏者对《周礼》、《古玉图谱》及许多其他著作的错误解释。他的常识指引他获得他的先辈预想不到的新的显著成果。"具体说来，其成就主要有以下三个方面：

首先，收录齐全，品类丰富。《古玉图考》编排有序，辨析明白，间有发现，如考周代一尺等于清朝的六寸等，颇有学术价值。本书几乎包含了从新石器时代至明代的所有常见古玉品种，这有助于读者全面了解中国古玉的发展历程。

其次，绘图精确，标注翔实。书中收录的为吴氏本人及友人所藏古玉，图由其族弟吴大桢所绘。以墨线描绘玉器的形状和花纹，非常精确，若是同一器物而两面花纹不同，则绘两图表示。线图比例多为原大，否则在图旁注明比例。如本书图3（正文第13页）"镇圭"，并注明图的尺寸"图小，于器十分之七"，测得长16.7厘米。此器现藏于英国大英博物馆，实测器长23.8厘米，与"图小，于器十分之七"的 6.7厘米正相符合。又如本书图148（正文第148页）"龙文佩"为战国时期的龙形佩，现藏美国哈佛大学赛克勒博物馆，其尺寸为长15厘米、宽5.5厘米、厚0.7厘米，重97公克，与吴大澂所描绘尺寸完全相符，可见吴氏兄弟审视、绘制古玉的务实精神。需要说明的是，本次出版，由于篇幅的关系，这些线图的大小没有完全依照原有大小排版，原文所言的尺寸，多多少少都经过调整。另外，原书不分卷且无标题，为使眉目看起来更清晰，此次皆以所列同类器物之第一器名为标

龙形玉佩
战国早期　河南省
方舟研究所藏

玉璧
战国早期　湖北省博物馆藏

玉环
松泽文化　南京博物院藏

题，或以其类名为标题。

再次，考证精当，多有发明。重要礼器名称的考订，如对圭和琮的正名。如《叙》中所说"余得一玉，必考其源流，证以经传"，力求明确它的器名和用途。圭和琮是先秦文献中所记载的最重要的两种瑞玉，但这两种玉器的具体形状究竟如何，后人争论极大。文献中记载圭的名称多达几十种，吴大澂在所搜集的玉器中，对照古圭名将其一一分辨出来。特别是作平首、弧首或凹首的圭，当时被称为"药铲"，吴大澂则认为它是《周礼》中所记载的"镇圭"、"琬圭"和"琰圭"。传世的玉琮在当时被称为"釭头"，认为它是套在木杠两端，用来做车轴两端的装饰或压在抬杠者的肩头。清代中期，即有学者指出这种形式的玉器应为琮，吴大澂进一步发扬了这种看法。《古玉图考》中收录玉琮31件，吴大澂根据它们的形状，分别定名为大琮、黄琮和组琮，这些琮名直至今日专家学者仍在沿用。

当然，由于时代和个人的局限，《古玉图考》也有其不足之处。20世纪初，随着地下文物的大量出土和中国考古学的诞生，许多学者开始将考古资料与文献结合起来研究古玉，就有了对《古玉图考》中某些玉器的定名或用途的质疑或批评。著名考古学家夏鼐于1983年第5期《考古》发表的《商代玉器的分类、定名和用途》一文中，就说吴大澂是"一位有古器物学者倾向的儒家学者"，他的研究方法是"吴大澂式经学家方法"。这是因为吴大澂过分依赖《周礼》等传世文献，所搜集的玉器都依《周礼》进行定名，多有附会之意。书中误定许多器名。如本书图84（正文第84页）所绘的两只卧猪，吴大澂认为它们是琥，并说："汉虎符形制或即仿此。"其实，这两件玉卧猪就是汉代葬玉中常见的玉卧猪。另外本书还误收了一些晚期的仿古器。随着出土文物的增多，将来肯定还会有新的学者指出这部书的缺陷和不足。但无论如何，它作为一部划时代的经典之作，代表了晚清古玉研究的最高水平，至今仍是中国古代玉器必不可少的参考著作，值得整理出版。

《古玉图考》有清光绪十五年（1889）上海同文书局石印本、清光绪十五年（1889）仪征吴氏刻本。这次整理即以前者为底本，参考后者和近今学者研究成果，断以己意。主要致力于校正错讹、疏解字词、直译原文、稍加点评，力求简明，并配以大量清晰的实物照片，吴大澂所绘二百多幅原图，则按原有顺序进行编号。在此谨向有关前贤表达敬意与感谢！本书整理中的缺陷或不足，则敬祈专家读者指正。

杜　斌

2013年8月

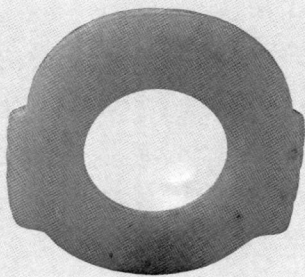

《古玉图考》叙

　　古之君子比德于玉[①]，非以为玩物也[②]。典章制度[③]，于是乎存焉；宗庙、会同、裸献之礼[④]，于是乎备；冠冕、佩服、刀剑之饰[⑤]，君臣上下等威之辨[⑥]，于是乎明焉。唐、虞"班瑞于群后"[⑦]，"禹锡元圭"而水患平[⑧]，成周分宝玉于伯叔之国[⑨]。三代以来[⑩]，圣帝明王[⑪]，不宝金玉，而玉瑞、玉器之藏未尝不贵之重之[⑫]。所可考者，《周礼·典瑞》之文[⑬]，《考工记·玉人》之职[⑭]，《玉藻》、《明堂位》之所纪载[⑮]，《郑风》、《卫风》、《小雅》之所歌咏[⑯]，《尔雅·释器》之所详[⑰]，毛《传》、郑《注》、许书之所解[⑱]，流传至千百年后，其器犹散见于齐、鲁、宋、卫士大夫之家[⑲]。罗而致之[⑳]，裒而集之[㉑]，可与经传相证明者不一而足[㉒]。

【注释】

　　①君子比德于玉：品格高尚的人用玉比喻美德。比德，谓德行、德教可与之比拟、比配。

　　②玩物：供把弄玩赏之物。

　　③典章制度：行政法规与准则。

　　④宗庙：古代帝王、诸侯或大夫、士为维护宗法制而设立的祭祀祖宗的处所。会同：先秦诸侯朝见天子的通称。裸（guàn）献之礼：古代祭礼，帝王、王后祭祀时，以香酒灌地称裸、以腥熟之食享神称献。亦泛指裸礼。《周礼·天官冢宰·内宰》："大祭祀，后裸献则赞，瑶爵亦如之。"郑玄《注》："谓祭宗庙。王既裸而出迎牲，后乃从后裸也……献，谓王荐腥荐孰，后亦从后献也。"

　　⑤冠冕：古代帝王、官员所戴的帽子。佩服：穿带，佩挂。

　　⑥等威：与一定的身份、地位相应的威仪。

⑦唐、虞：唐尧和虞舜的并称。班瑞于群后：出自《尚书·舜典》："乃日觐四岳群牧，班瑞于群后。"班瑞，赐玉。群后，指四方诸侯及九州牧伯。

⑧"禹锡元圭"而水患平：谓禹治水成功，帝赐玉以为表彰。出自《尚书·禹贡》："禹锡玄圭，告厥成功。"《史记·夏本纪》亦记此事曰："于是帝锡禹玄圭，以告成功于天下。"《正义》曰："帝，尧也。玄，水也。以禹理水功成，故锡玄圭以表显之。"锡，赏赐。

⑨成周分宝玉于伯叔之国：出自《尚书·旅獒》："（王）分宝玉于伯叔之国，时庸展亲。"孔颖达《疏》："分宝玉于同姓伯叔之国，见己无所爱惜，是用诚信其亲亲之道也。"成周，西周时的东都洛邑，即今河南洛阳。伯叔之国，周王朝对同姓诸侯国的称呼。

⑩三代：指夏、商、周三个朝代。

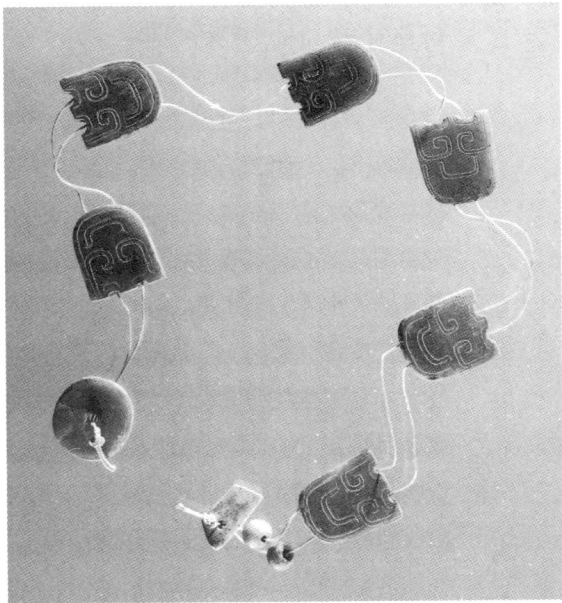

玉片、玉珠项饰
春秋早期　中国历史博物馆藏

⑪圣帝明王：本指上古道德智能卓越的君主。后泛称历代英明的帝王。

⑫玉瑞：镇圭之属，古代帝王用为信物。

⑬《周礼·典瑞》：《周礼》，亦称《周官》或《周官经》，儒家经典之一。典瑞，周官名号之一。《周礼·春官宗伯》："典瑞掌玉瑞、玉器之藏，辨其名物，与其用事，设其服饰。"

⑭《考工记·玉人》：《考工记》，先秦时期手工艺专著，作者佚名。西汉时被编入《周礼》，以替代遗失的《冬官》。书中列叙木工、金工、皮革工、染色工、玉工、陶工等六大类三十工种，"玉人之事"为其中之一。玉人，治玉的工人。

⑮《玉藻》：《礼记》篇名。玉藻，为古代王冕前面下垂的旒缀。

⑯《郑风》：《诗经》十五国风之一。《郑风》是郑国的民间乐歌。《卫风》：《诗经》十五国风之一。《卫风》是卫国的民间乐歌。《小雅》：《诗经》二雅之一，共七十四篇。歌咏：谓以诗歌颂扬。

⑰《尔雅·释器》：《尔雅》，我国古代最早解释词义的训诂著作。《释器》，《尔雅》中的一篇。

⑱毛《传》：指《毛诗故训传》，一作《毛氏诂训传》，为汉人训释《诗经》之作。《汉书·艺文志》著录三十卷，但言毛公作，未著其名。郑《注》：指郑玄对儒家经典的注释。郑玄（127—200），字康成，北海高密（今山东高密）人。东汉著名经学家，曾遍注群经，对当时和后世影响很大。许书：指许慎著《说文解字》。许慎（约58—约147），字叔重。东汉汝南召陵（今河南漯河）人。东汉著名经学家、文字学家，他于东汉和帝永元十一年（100）著《说文解字》，是中国第一部按部首编排的字典。

⑲齐：周代诸侯国名。旧地在今山东北部、东部和河北东南部。鲁：周代诸侯国名。旧地在今山东西南部。宋：周代诸侯国名。旧地在今河南商丘一带。卫：周代诸侯国名。旧地在今河南鹤壁、新乡一带。

⑳罗而致之：即罗致。罗，搜罗。致，招致。

㉑裒（póu）而集之：即聚集。裒，聚。集，集合。

㉒经传：儒家典籍经与传的统称。传是阐释经文的著作。

【译文】

古代的君子用玉比喻美德，不是把美玉作为玩赏的器物。古代的行政法规准则因为玉而得到体现；宗庙祭祀、诸侯朝见天子、裸献等礼仪，因为玉而完备；衣、帽和刀、剑的配饰，君主和臣下身份威仪的辨别，因为玉而明了。唐尧、虞舜向四方诸侯及九州牧伯颁还瑞玉，帝赐大禹元圭而水患平息，西周天子分宝玉与同姓诸侯。夏、商、周三代以来，英明的帝王不以金玉为宝，然而玉瑞及玉制品的收藏未尝不以为宝贵而重视之。可以考见的，《周礼·典瑞》的文章，《考工记·玉人》的职责，《玉藻》、《明堂位》的记载，《郑风》、《卫风》、《小雅》的歌唱咏叹，《尔雅·释器》的详细记录，《毛诗故训传》、郑玄的笺注、许慎《说文解字》的注解，流传到千百年后，其所涉及的玉器还散落见存于齐、鲁、宋、卫诸地的士大夫之家。搜罗聚集，可与经传相互证明的不一一列举就足够了。

然而好古之士①，往往详于金石而略于玉，为其无文字可考耶？抑谓唐宋以后仿制之器多，而古玉之真者不可辨耶？余观《宣和古玉图》既病其芜杂而不精②，吕氏《考古图》虽有《古玉》一卷③，又惜其无所考正。元朱泽民所撰《古玉图》寥寥数十器④，相沿旧说，多无证据。于圭、璋、琮、璜⑤，典礼之所关，阙如也⑥。

【注释】

①好古之士：这里指喜爱古董的人。

②《宣和古玉图》：疑为《古玉图谱》。一百卷。南宋淳熙三年（1176）龙大渊等奉敕撰。该谱分门集录上古至唐代玉器，分为国宝、厌胜、舆车、文房、熏燎、饮食、音乐、陈设、彝器诸类。病：缺点，瑕疵。芜杂：杂乱。

③吕氏《考古图》：指宋吕大临撰《考古图》。吕大临（1040—1092），字与叔。祖籍

玉璧
春秋晚期　河南省文物研究所藏

汲郡（今河南卫辉）人，后移居京兆蓝田（今陕西蓝田）。宋代著名经学家、金石学家，著有《论语解》、《中庸解》、《老子注》等。《考古图》是其金石玉器方面研究的代表作，全书共十卷，成书于元祐七年（1092），比较系统地著录了当时宫廷和私家收藏的古代铜器、玉器等。其中卷八为玉器。目列十三器，实收九器。

④元朱泽民所撰《古玉图》：朱泽民即朱德润（1294—1365），字泽民，号睢阳散人、眉宇散人、翁同山人。祖籍睢阳（今河南商丘），其先祖跟随宋室南渡，居昆山（今江苏昆山），遂为吴人。元代著名画家，兼善诗文，工书法，有《存复斋集》等。所著《古玉图》二卷，系自图绘其在燕京诸王公家及秘府所见古玉而成。上卷收璧、环、带、钩等17器，下卷收佩、瑱、充耳、玲等23器，记明尺寸、形状、玉色，有的注出藏家。内容虽较简略，却是我国现存最早的一部著录玉器的专书。

⑤圭：古代帝王或诸侯在举行典礼时拿的一种玉器，上圆（或剑头形）下方。璋：古

①
② ③
④

①玉璜
　春秋晚期　山西省考古研究所藏
②玉璧
　战国晚期　湖北省博物馆藏
③玉琮
　西周早期　陕西省历史博物馆藏
④玉璋
　春秋晚期　山西省考古研究所藏

代的一种玉器，形状像半个圭。琮(cóng)：古代一种玉器，外边八角，中间圆形，常用作祭地的礼器。璜(huáng)：半璧形的玉。

⑥阙如：缺少，没有。

【译文】

　　然而喜爱古物的人，往往重视金石器而忽视玉器，是否因为玉器上没有文字不能用作考证呢？还是说唐宋以后仿制的器物多，而真的古玉不能辨别了呢？大澂看《宣和古玉图》，已很不满其杂乱粗疏，吕大临的《考古图》虽然有《古玉》一卷，又可惜其未作考核。元代朱德润的《古玉图》所收只有几十件器物，沿袭旧说，多没有实证。对于圭、璋、琮、璜与制度礼仪相关的内容无所讨论。

　　余得一玉，必考其源流，证以经传。岁月既久，探讨益广。今春得镇圭、青圭①，始知"天子圭中必"、"杼上终葵首"之义②。得黄琮、组琮③，始信许叔重"琮……似车钢"之说、郑司农"外有捷卢"之说④。得玉觯、玉散⑤，始知《明堂位》之"璧散"、"璧角"与《内宰》之"瑶爵"⑥，皆以玉为器，而非以玉饰口。得白玉古鍱⑦，始知"决拾"之"决"用棘、用象骨⑧，亦有时而用玉，毛公训"决"之义为不误也⑨。得白珩、葱珩⑩，始知珩、璜、琚、瑀、冲牙之制⑪。

【注释】

　　①镇圭：古代举行朝仪时天子所执的玉制礼器。长一尺有二。以四镇之山为雕饰，取安定四方之义，故称。《周礼·春官宗伯》："以玉作六瑞，以等邦国。王执镇圭。"孙诒让《正义》："注云'镇，安也'者，《广雅·释诂》同。"青圭：古代礼器。圭，或作"珪"。青玉制成，上尖下方。《周礼·春官宗伯》："以青圭礼东方，以赤璋礼南方。"郑玄《注》："圭锐，象春物初生。"

②天子圭中必、杼上终葵首：出自《周礼·冬官考工记·玉人》："天子圭中必，四圭尺有二寸，以祀天。大圭长三尺，杼上终葵首，天子服之。"必，通"绊"，系物的丝带。杼，郑玄《注》："杼，锐也。"锐，古同"杀"，这里指削薄、削尖。终葵，郑玄《注》："终葵，椎也。"

③黄琮：黄色的瑞玉。古代祭祀用。《周礼·春官宗伯》："以苍璧礼天，以黄琮礼地。"郑玄《注》："琮，八方，象地。"组琮：一般认为组琮是系组之琮，也有人以为是扁矮而刻有纹饰的琮。组琮是用作砝码的玉器。

④许叔重"琮……似车钉"之说：见许慎《说文解字》卷一《玉部·琮》："藏宗切。瑞玉。大八寸，似车钉。从玉宗声。"车钉，亦作"车缸"，车毂内外口用以穿轴的铁圈。外有捷卢：出自《周礼·春官宗伯·典瑞》"驵圭、璋、璧、琮、琥、璜之渠眉，疏璧琮以敛尸"郑玄《注》，谓"驵，外有捷卢也"，贾公彦《疏》："先郑读'驵牙'之'驵'，故云'外有捷卢'。捷卢，若锯牙然。后郑不从之也。"后郑，郑玄的别称。郑玄注《周礼》，多引郑兴、郑众父子之说，后人因称郑玄为"后郑"，郑兴父子为"先郑"。

⑤玉觯（zhì）：玉制饮酒器。形似尊而小，或有盖。玉散：玉制的散。散，容五升曰散。

⑥璧散、璧角：皆玉制酒器，大小不同。《仪礼·特牲馈食礼》："一角一散。"郑玄《注》："角四升，散五升。"内宰：周代官名。《周礼·天官冢宰》："内宰掌书版图之法，以治王内之政令。"瑶爵：饰以美玉的酒器。《周礼·天官冢宰·内宰》："大祭祀，后裸献则赞，瑶爵亦如之。"郑玄《注》："其爵以瑶为饰。"瑶，美石，美玉。

⑦鞢（shè）：古代射箭时戴在手上的扳指。

⑧决拾：见《毛诗·小雅·车攻》："决拾既佽，弓矢既调。射夫既同，助我

玉扳指
春秋晚期　山西省考古研究所藏

玉冲牙
战国中期　河南省文物研究所藏

举柴。""决"与"拾",均为古代射箭用具。决,通"抉",扳指,多以骨制,套在右手拇指上,用以钩弦。拾,套袖,革制,套在左臂上,用以护臂。

⑨毛公训"决"之义:指《毛诗》对"决"字的解释。"决"字原本作"玦",误,据《毛诗》改。训,训诂,即解释古书中的字、词句的意义。

⑩白珩(héng):古代佩玉上部的横玉。形似磬,或似半环。葱珩:青色的佩玉,形似磬。

⑪琚(jū):古人佩玉的一种,系在珩和璜之间。瑀(yǔ):像玉的石头,白色。冲牙:古代佩玉部件之一种。《礼记·玉藻》:"佩玉有冲牙。"孔颖达《疏》:"凡佩玉必上系于衡,下垂三道,穿以蠙珠,下端前后以县于璜,中央下端县以冲牙,动则冲牙前后触璜而为声。所触之玉,其形似牙,故曰冲牙。"

【译文】

大澂得到一块玉,必定考查它的产生与流传,据经传得到证明。多年如此,探索研讨更加广泛。今年春天得到镇圭、青圭,才知道"天子圭中必"、"杼上终葵首"的语义。得到黄琮、组琮,相信许叔重"琮……似车釭"、郑司农"外有捷卢"的说法。得到玉觯、玉散,才知道《礼记·明堂位》的"璧散"、"璧角"与《周礼·天官冢宰·内宰》的"瑶爵",都是以玉石制成的器具，而不是仅以玉包饰口沿。得到白玉古鞢，才知道射箭时用的"决拾"之"决"是用棘、用象骨做成的，有时也玉制作。《毛诗故训传》对"决"的释义没有错。得到白珩、葱珩，才知道珩、璜、琚、瑀、冲牙的形制。

  又知世俗所传"昭文带"即"鞙鞙佩璲"之"璲"①，旧说以为璏②，则非也。玉琥为六瑞之一③，即汉虎符之所本④。大璜与佩玉之璜，名同而制不同。若此者，皆足以资诂经之助⑤，而补金石家之所不及。爰属族弟大桢图其形制，编订成书，以公同好⑥。玉钵、玉印、玉押⑦，其有文字可据者，亦并附焉。是为叙。

    光绪十有五年岁在己丑夏四月八日吴县吴大澂书于济宁节署⑧

【注释】

  ①昭文带：压纸文具的一种，犹镇纸。明文震亨《长物志·器具》："以紫檀、乌木为之，上用旧玉璏为纽，俗所称昭文带是也。"鞙鞙（juān）：佩玉的样子。佩璲（suì）：一种供佩带的瑞玉。

  ②璏（zhì）：玉制剑鼻。

  ③玉琥：雕刻成虎形的玉器。六瑞：王及五等诸侯于朝聘时所持之六种玉制信符。《周礼·春官宗伯》："以玉作六瑞，以等邦国：王执镇圭，公执桓圭，侯执信圭，伯执躬圭，子执谷璧，男执蒲璧。"

  ④虎符：古代帝王授予臣下兵权和调发军队的信物，为虎形。初时以玉为之，后改用铜。

  ⑤诂经：这里指对儒家经典的注释。

  ⑥以公同好：与同样有此爱好的人共享。

  ⑦玉钵（xǐ）：即玉玺。钵，古同"玺"。玉押：亦作花押，又称作押字或签押，是古

人按照自己的喜好设计的代表个人信用标志的符号。

⑧节署：官署，官衙。

【译文】

又知道世俗所传的"昭文带"就是"鞞琫佩璲"的"璲"，过去说是玉制剑鼻则是不对的。玉琥是六瑞中的一种，就是汉代虎符的根据。大璜与佩玉的璜，名字相同而制式不同。诸如此类，都足以对经典的注释有所帮助，而弥补金石学家知识的不足。于是嘱托同祖弟弟吴大桢画出它们的图式，编纂订成一书，使有相同爱好的人都能欣赏。玉玺、玉印、玉押这些有文字可作依据的，也附载于此。作为序言。

光绪十五年岁在己丑夏四月八日吴县吴大澂记于济宁官衙

镇圭

周镇圭尺式：与大琮第一器尺寸正合。疑此尺为西周旧制。（图1）

周摺圭尺式[①]：与大琮第二器尺寸正合。（图2）

此灰镇圭也。因背有象鼻孔，可以系组，插于绅带之间[②]，故以"摺圭"别之。

镇圭：青玉，五色斑。图小，于器十分之七。（图3）

《考工记·玉人》："镇圭，尺有二寸，天子守之[③]。"又云："天子圭中必。"郑《注》："必读如'鹿车绊'之'绊'[④]。谓以组约其中央[⑤]，为执之以备失队[⑥]。"大澂窃疑"鹿车"之"绊"，施之于圭，似不相类。是圭即尺有二寸之镇圭，中有一穿[⑦]，径约三寸，穿上四寸有半寸[⑧]，穿下亦四寸有半寸。因疑"中必"之"必"，即古"柲"字[⑨]。《说文》："柲，攒也[⑩]。攒，积竹杖也[⑪]。一曰穿也。"盖它圭穿多近下，用以系组而已[⑫]。天子之圭，穿在中央，可以手执，不致失队。故曰："天子圭中必。"《考工记》："戈柲[⑬]，六尺有六寸。"

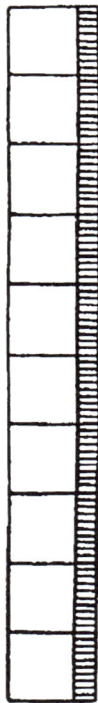
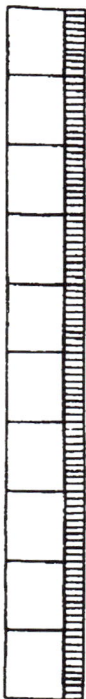
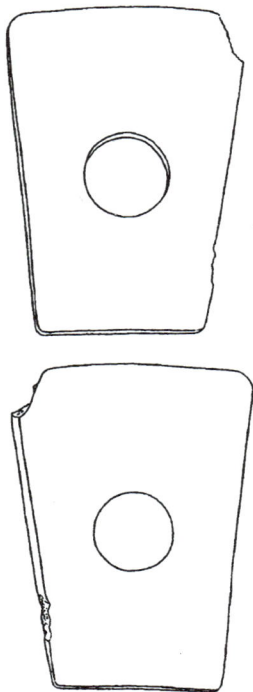

图1　　图2　　　　图3

《注》："柲，犹柄也。"今所见三代戈、瞿⑭，往往有穿，其穿即谓之柲。所执之木柄，当有小橛横贯于柲中，故木柄亦谓之柲。许书《木部》柯、枆、柄、柲、欑五字连文⑮，许慎不训柲为柄⑯，而训为欑，其必有所本矣。康成不直训为柄⑰，而曰"犹柄"也，可知柲非柄之称。后人因贯柲之柄用木，遂从木旁。古文不从木，可以"天子圭中必"证之。

【注释】

①搢（jìn）圭：用来插在腰带上的圭。搢，插。

②绅带：古时士大夫束腰之大带。《孔子家语·五仪解》："然则章甫、绚屦、绅带、搢笏者，皆贤人也。"

③守：掌管。

④鹿车绊（bì）：鹿车，即缲车，又名缫丝车。因有收丝的转轮，故名。元王祯《农书》卷二一："纬车，《方言》曰：'赵魏之间谓之历鹿车，东齐、海、岱之间谓之道轨。'今又谓之缲车。"绊，此当指约束鹿车的绳索。

⑤组：指丝带。约：此指缠缚、捆扎。

⑥失队：失落，丢失。

⑦穿：孔。孔用于穿绳，故称。

⑧有：同"又"，表示整数以外再加零数。

⑨柲（bì）：柄，此指玉器的柄。

⑩欑（cuán）：聚，凑集，拼凑。

⑪积竹杖：聚竹合成的手杖。《汉书·昌邑哀王刘髆传》："贺到济阳，求长鸣鸡，道买积竹杖。"颜师古《注》引文颖曰："合竹作杖也。"

⑫系组：指帝王系带于颈。

⑬戈柲（bì）：戈之柄。

⑭瞿：一种戟一类的兵器。

⑮柯、枂、柄、柲、欑五字连文：谓把柯等五字依次在一篇文章中进行解释。

⑯训：训诂，即解说，注释。

⑰直训：训诂方式之一。指用单个意义相同或相近的词直接训释另一个词。

【译文】

周代镇圭的尺寸样式：与大琮的第一器尺寸正好适合。怀疑这个镇圭的尺寸是西周的一套计量制度。

周瑁圭尺式：与大琮的第二器尺寸正好适合。

这是灰镇圭，背部有象鼻孔，可以系丝带，插于士大夫的束腰大带之间，因此以"瑁圭"区别它。

镇圭：青色玉，五色斑纹。绘图小，是实际器物的十分之七。

《考工记·玉人》载："镇圭，长一尺二寸，由天子掌管。"又说："天子的圭的中央有必。"郑玄《注》："必读为'鹿车绊'的'绊'。说是用丝带缠缚在中央，为拿着它以防丢失。"大澂怀疑以"鹿车绊"的"绊"用之于圭，似乎不大合适。这个圭就是长一尺二寸的镇圭，中间有一穿孔，直径大约三寸，穿孔上有四寸半，穿孔下也有四寸半。因此怀疑"中必"的"必"，就是古"柲"字。《说文解字》："柲，就是欑。欑，竹木合成的手杖。一说为长方形小孔。"大概圭的穿孔多在下部，用来系绶而已。天子使用的圭，穿孔在中央，可以用手拿着，不致丢失，所以说："天子圭中必。"《考工记》："戈柲，长六尺六寸。"《注》："柲，如同柄。"今天所见到的夏、商、周三代的戈和戟，往往有穿孔，其穿孔就称作柲。所握的木柄，应当有小木棍横向贯穿柲中，所以木柄也称作柲。许慎《说文解字·木部》柯、枂、柄、柲、欑五字连在一起解释，许慎没有释柲为柄，而释为欑，必然有他的原因。郑玄不直接解释为柄，而说"如同柄"，由此可知柲并不是柄的名称。后来的人因为贯穿柲的柄用木制作，所以就从木旁。这个字的上古字形不从木旁，可以从"天子圭中必"得到证明。

《说文》："珽①，大圭。长三尺，杼上终葵首。"即本《考工记·玉人》文。郑《注》："终葵，椎也。为椎于其杼上，明无所屈也。杼，斜也。"《玉藻》注："终葵首者，于杼上又广其首，方如椎头。"大澂以为天子之圭与剡上之制不同②，以是圭度之③。大圭、镇圭④，皆系"杼上终葵首"。《记》文举一以例其余，《方言》引《燕记》曰⑤："'丰人杼首'⑥，杼首，长首。"《轮人》⑦："行泽者欲杼⑧。"《注》："杼，谓削薄其践地者。是'杼上'者，言其长而薄；'终葵首'者，言其广而方也。"王氏《说文句读》"椎"下引《篆文》⑨："终楑，方椎。"今人不知古圭有与方椎相似者，辄以药铲目之，亦犹三代古琮概目之为钲头⑩，是不可不考正之也。

【注释】

①珽（tǐng）：玉笏。

②剡（yǎn）：削，削尖。

③度：衡量。

④大圭：佩玉，作"丁"字形，用途如笏，插在腰带间以记事备忘。《周礼·考工记·玉人》："大圭，长三尺，杼上终葵首，天子服之。"郑玄《注》："王所搢大圭也，或谓之珽。"孙诒让《正义》引戴震云："大圭，笏也。天子玉笏，其首六寸，谓之珽。"

⑤《方言》：即《輶轩使者绝代语释别国方言》，十三卷，西汉扬雄著，是我国第一部方言比较词汇集，总汇了从先秦到汉代各地的方言。扬雄（前53—18），字子云。蜀郡成都（今四川成都）人。西汉成帝时任给事黄门郎。王莽时任大夫，校书天禄阁。著名学者、辞赋家。《燕记》：崔逞撰。崔逞（？—399），字叔祖。北魏清河东武城（今山东武城）人。出身士族。初仕前燕，为著作郎，撰《燕记》。

⑥丰人：古北方方言，称身材高大的人。杼首：梭形的头，长头。古代以为人长寿之相。

　⑦轮人：《周礼》官名，职掌制造车轮及有关部件。

　⑧行泽：行驶于泽地。

　⑨王氏《说文句读》：即清王筠所著《说文句读》。王筠（1784—1854），字贯山，号菉友。山东安丘（今山东安丘）人。道光元年（1821）举人，曾任山西乡宁知县等。博涉经史，尤长于《说文》，另著有《说文释例》、《文字蒙求》、《说文系传校录》等。《篡文》：三卷，南朝宋何承天撰。何承天（370—447），东海郯（今山东郯城）人。南朝宋无神论思想家、天文学家、音乐家、文学家、数学家。《篡文》之外，另著有《报应问》、《知性论》等。

　⑩釭（gāng）头：指玉琮，即以玉为饰的车轴头。因其形外方内圆，俗称"釭头"。

【译文】

　《说文解字》："珽，大圭。长三尺，杼上终葵首。"就是根据《考工记·玉人》的记载来的。郑玄《注》："终葵，就是椎。把圭之长而薄称作杼的部位以上做成椎状，以象征不可弯曲。杼，削薄的意思。"《礼记·玉藻》注："终葵首，是指在杼之上又宽大其头部，使其头形成方形如椎头的样子。"大澂以为天子用的圭与削尖上部的圭不同，从这件圭就可以看得出来。大圭、镇圭，都是"自中部向上部逐渐削薄，其首形如方椎的样式"。《考工记》举了一个例子说明了此类情况，其他如《方言》引《燕记》说："'身材

玉兽面纹圭
龙山文化　山东博物馆藏

高大的人有梭形的头。'梭形的头就是长头。"《考工记·轮人》："行驶于泽地的,轮缘要削薄。"《注》："杼,是说削薄其接触地面的部分。所以'杼上'的意思是说它长而薄,'葵首'的意思是说它宽而方。"王筠《说文句读》"椎"下引《篆文》:"终楑,方椎。"今天的人不知道古代的圭有与方椎相似的,就以药铲看待它,也如同三代古琮一律称为钉头,这是绝对不能不考索纠正的。

镇圭:青玉。图小,于器十分之七。（图4）

镇圭:青玉,黑斑。图小,于器十分之七。（图5）

是圭尺寸,与大琮第二器有驵文者①,丝毫不爽②。亦即尺有二寸之镇圭,惟两琮、两圭尺度略有不同③。当系年代有先后,权衡度量与时变易耳。背有四孔,可以系组,两边皆有绳痕,似当时用作摺斑系于绅带之间者④,然与大圭尺寸不符也。

镇圭:玉色纯赤。图小,于器十分之八。（图6）

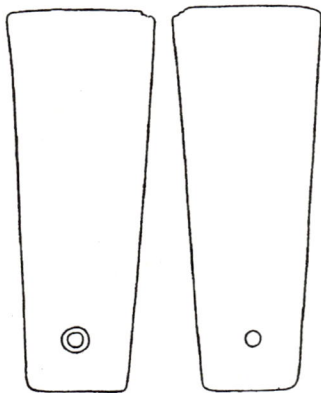 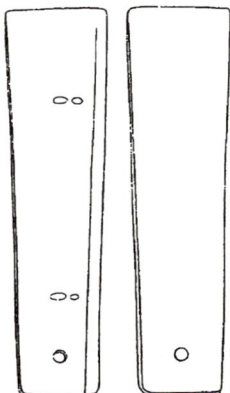 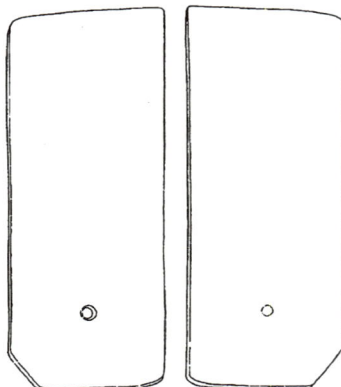

图4   图5   图6

【注释】

①骳（zǎng）文：沟状的纹。

②不爽：不差，没有不同。

③尺度：尺寸。

④揖珽：犹揖笏。《礼记·玉藻》："天子揖珽，方正于天下也。"郑玄《注》："此亦笏也。谓之珽，珽之言挺然无所屈也。"

【译文】

镇圭：青色玉。绘图小，是实际器物的十分之七。

镇圭：青色玉，黑色斑纹。绘图小，是实际器物的十分之七。

这个圭的尺寸与大琮有沟状纹的第二器丝毫不差。也是长一尺二寸的镇圭，只是两琮、两圭尺寸略有差异。应当是制作的年代有先有后，轻重与长短的量度因时而变化造成的。背上有四个穿孔，可以系丝带，两边都有系绳的痕迹，好像是当时用作插在士大夫束腰大带里的揖珽，但与大圭的尺寸不相符合。

镇圭：玉色纯赤。绘图小，是实际器物的十分之八。

玉圭
春秋晚期　山西省考古研究所藏

【点评】

　　以上说镇圭。首先说镇圭的长度规定为一尺二寸，天子使用。其所以名为镇圭，是以四镇之山为雕饰，取其安定四方的意思。镇圭的形状，是把上部削为尖头，象高山的形状，比喻天子为天下至尊，世间万物皆俯首其脚下。镇圭中间有一个圆洞，表示天子为政适得其中而无偏颇，能行方正于天下。

　　从《尚书·禹贡》载"禹锡玄圭，告厥成功"，说尧赐玄圭于禹以表彰他治水成功来看，圭的起源至晚在夏朝以前，也就是中国的原始社会末期。而圭的用玉本属美石，所以圭的原型很可能是当时人们使用的石斧。石斧是原始人最重要的生产工具和狩猎武器，对原始人的生存与发展起过重大作用。后来随着青铜器的发明逐渐代替了石器的应用，石斧等原始石器大都逐渐退出了生产领域，却由于世世代代应用对石器所产生和积淀的依恋之情，使某些石器渐变其形态和作用而成为生活中的礼器。从今见圭似石斧看，圭很可能就是从石斧的造型演变而来的一种玉制礼器。

　　夏、商易代而至于周，西周初年礼制得到进一步的确立与完善，在礼制中有重要用途的圭的种类日益增多，应用也更加广泛。各种形制大小与纹饰有别的圭由朝廷颁发给层级不同的官员，以此作为区别他们爵位和身份的象征。《周礼·春官宗伯》载："周制，王执镇圭，公执桓圭，侯执信圭，伯执躬圭，子执谷璧，男执蒲璧。六瑞形制，大小各异，以示爵位等级之差别。"可知自周代起，圭已经成为封建等级制的区别符号与象征。春秋战国以降，秦始皇统一六国，临驭天下，更创立了以玉为玺象征

石斧
商代　河南安阳四盘磨出土

皇权的制度，并一直沿用到清朝。唐朝还设立了给官员赐佩玉带的制度，所谓"蟒袍玉带"，也一直沿用到清代，至今不仅从博物馆可以看到玉玺和玉带，更可从传统剧的演出或播映中经常看到它们的影像。

今天我们比较容易见到的，是1956年北京定陵（万历皇帝与皇后合葬墓）出土的一件镇圭。青色。扁长方体，上有三角形前凸，顶呈钝角，底平齐，长27.3厘米。圭上阴刻四镇名山。其形制与《周礼》所载镇圭极似，只是略小一些。

大圭

大圭：一名珽。青玉，黑文，隐隐如龙凤，穿下三四寸带黄色。图小，于器十分之五。（图7）

《典瑞》[①]："王晋大圭[②]，执镇圭，缫藉五采五就[③]，以朝日[④]。"《注》故书镇作瑱[⑤]。郑司农云："晋，读为'搢绅'之'搢'，谓插于绅带之间，若带剑也。瑱读为'镇'。"《玉人》曰："大圭长三尺，杼上终葵首，天子服之[⑥]。"《注》云："王所搢大圭也，或谓之珽。"《玉藻》："天子搢珽[⑦]。"《注》："此亦笏也……珽之言挺然无所屈也。"是圭即天子所服之珽。以镇圭尺度之，长一尺九寸。大徵窃疑《玉人》之"三尺"为"二尺"之误。玉质至薄而轻，故可佩于绅带之间。《相玉书》曰[⑧]："珽玉六寸，明自炤[⑨]。"亦言其薄而光也。"六寸"之说未闻。

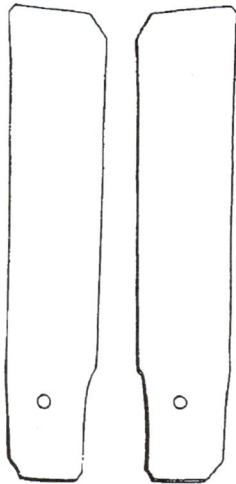

图7

古玉图考

玉圭
商代早期　中国社会科学院考古研究所藏

【注释】

①《典瑞》:《周礼·春官宗伯》篇名。

②王:指周天子。晋:古通"搢",插。

③缫(sāo)藉:玉的彩色衬垫。五采:即"五彩",指玄、黄、朱、白、苍五色。五就:环绕五圈。

④朝日:古代帝王祭日之礼。《周礼·天官冢宰》:"朝日,祀五帝,则张大次小次,设重帟重案。"郑玄《注》:"朝日,春分拜日于东门之外。"

⑤瑱(zhèn):古通"镇",压物用的玉器。

⑥服:使用。

⑦搢珽:《礼记·玉藻》:"天子搢珽,方正于天下也。"郑玄《注》:"此亦笏也。谓之珽,珽之言挺然无所屈也。"

⑧《相玉书》:品鉴玉的古书,东汉王逸《楚辞章句》已引,久佚。

⑨炤:同"照"。

【译文】

大圭:另一个名字叫珽。青色玉,黑文,隐隐如龙凤,穿孔下三四寸带黄色。绘图小,是实际器物的一半。

《周礼·典瑞》:"天子腰带上插着大圭,手里拿着镇圭,衬垫作五种颜色,环绕五圈,用于祭日之礼。"《注》中因此把镇写作瑱。郑玄说:"晋,应读为'搢绅'的'搢',指插于绅带中,如带剑一样。瑱应读为'镇'。"《考工记·玉人》说:"大圭长三尺,自中部削薄处向上作方椎形，天子使用。"《注》说："天子腰带间所插大圭，有人称之为珽。"《礼记·玉藻》："天子搢珽。"《注》说："这也是笏……珽的意思是说挺直无弯曲。"这件圭就是天子使用的珽。以镇圭尺寸衡量，长一尺九寸。我私下怀疑《考工记·玉人》记载的珽"三尺"为"二尺"之误。此珽玉质地极薄而轻，所以能佩于绅带之间。《相玉书》载："珽玉长六寸，能自发光。"也是说它质地极薄而有光亮。"珽玉长六寸"的说法没有听到过。

【点评】

以上据《周礼·典瑞》等古籍考证周代大圭。比较公、侯、伯仅手执命圭一件，天子手持的却是象征最高权力的镇圭，同时腰间还插有一件大圭，镇圭和大圭都饰以玄、黄、朱、白、苍五色丝带，各缠绕五圈。镇圭的形制已如上述；大圭又称珽，也就是天子所持的玉笏。珽长三尺，上端六寸为首，方如椎头，宽三寸，自中间往下逐渐削薄，至首下则宽二寸半，后面与首同宽三寸，是各种圭中形制最大的。周代一尺约合现今23.1厘米，珽长三尺就接近70厘米了。可以想象，每当一年的春分，周天子手执五彩丝带缠绕的镇圭，腰间插带同样饰以五彩的大圭，率领文武百官出都城东门，望日遥拜，祈求一年风调雨顺，国泰民安，王朝永固，是何等的庄严、神圣。而镇圭、大圭则成为这些历史时刻的参与见证者。数千年而下，此种礼器，有一存世，亦属万幸，能不宝贵吗？

琬圭

琬圭①：青玉，长尺有二寸。图小，于器十分之八。（图8）

《考工记·玉人》："琬圭九寸而缫②，以象德③。"郑《注》："琬，犹圆也④。王使之瑞节也⑤。诸侯有德⑥，王命赐之，使者执琬圭以致命焉⑦。"《典瑞》："琬圭以治德⑧，以结好⑨。"先郑云："琬圭无锋芒，故以治德、结好。"《说文》："琬，圭有琬者。"戴氏曰⑩："凡圭剡上寸半，

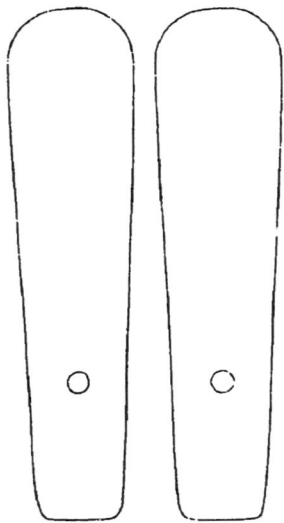
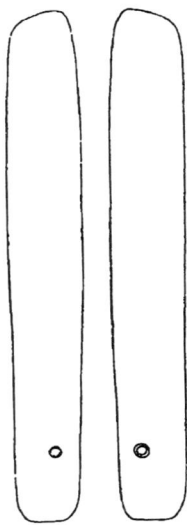
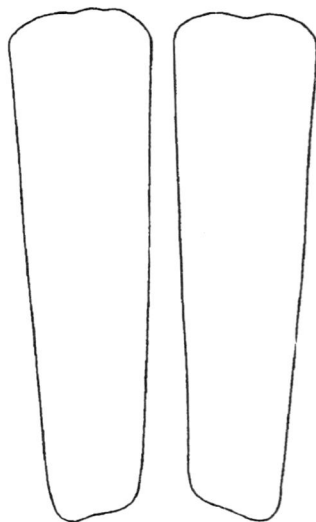

图8　　　　　　　　　　　图9　　　　　　　　　　图10

直剡之倨句中矩⑪，琬圭穹窿而起⑫，宛然上见⑬。"段氏曰⑭："宛者，与丘上有丘为宛丘同义⑮。"是圭，得之济宁市上。上作圜首⑯，圭面穹窿而起，两边无锋芒，不露圭角者⑰，即古之琬圭无疑。其长尺有二寸，即《顾命》郑《注》"大璧、大琬、大琰皆度尺二寸者"是也⑱。

　　琬圭：青玉，有土斑。图小，于器十分之七。（图9）

　　琬圭：赤玉，下断，当即尺有二寸之大琬。（图10）

【注释】

　　①琬（wǎn）圭：古代玉圭之一种。上部浑圆，长九寸，为瑞信之物。

　　②缫：通"藻"，文采，修饰。

　　③象德：谓象征德行。

④圜（yuán）：同"圆"。

⑤王使：天子或王侯的使者。瑞节：即玉节。古代朝聘时用作凭信的玉制符节。《周礼·地官司徒》："弗辟则与之瑞节，而以执之。"孙诒让《正义》："凡玉节，通谓之瑞节。"

⑥有德：有德行。

⑦致命：传达言辞、使命。

⑧治德：奖励做好事。

⑨结好：缔结友好关系。

⑩戴氏：即戴震（1724—1777），字东原，一字慎修，号杲溪。休宁隆阜（今安徽黄山）人。清代著名经学家、算学家。著有《筹算》、《考工记图注》、《六书论》、《尔雅文字考》、《诗补传》等。

⑪倨句中矩：器物弯曲的形状角度合乎曲尺的标准。倨，微曲。句，甚曲。中矩，合乎曲尺标准。

⑫穹窿：中间隆起，四周下垂的样子。

⑬见：同"现"。

⑭段氏：即段玉裁（1735—1815），字若膺，号懋堂，晚年又号砚北居士、长塘湖居士、侨吴老人。江苏金坛（今江苏常州）人。清代著名经学家，著有《说文解字注》、《六书音均表》、《毛诗故训传定本》、《经韵楼集》等。

⑮宛丘：小丘，小土山。此处指丘上有丘。

⑯圜（yuán）首：本谓人首形圆，因以"圆首"代称人。《乐府诗集·燕射歌辞·北齐元会大飨歌》："悠悠亘六合，圆首莫不臣。"此指圭之上部作圆形。圜，同"圆"。

⑰圭角：圭的棱角。

⑱《顾命》：《尚书·周书》篇名。郑《注》"大璧、大琬、大琰皆度尺二寸者"：查《尚书正义·周书·顾命》引郑玄《注》原文作："大璧、琬、琰皆度尺二寸者。"

玉圭
商代晚期 中国社会
科学院考古研究所藏

【译文】

琬圭：青色玉，长一尺二寸。绘图小，是实际器物的十分之八。

《考工记·玉人》："琬圭长九寸，加以采饰，以象征诸侯的德行。"郑玄《注》说："琬，如同圆，天子使者的玉节。诸侯有德行，天子命令赏赐他们，使者手持琬圭以行使命。"《周礼·典瑞》："琬圭用来奖励德行，用来与诸侯结好。"郑众说："琬圭没有锋芒，所以用来奖励德行和与诸侯结好。"《说文解字》："琬，没有棱角的圭。"戴震说："凡是圭，削上部一寸半，然后直下平削，大小弯曲度合乎曲尺的标准，琬圭如天穹般隆起，凸显于上。"段玉裁说："宛，与小土山上又有小土山叫宛丘意义相同。"这件圭，是在济宁市场上买到的。圭上部作圆头，圭面中间突起，两边没有锋芒，不露出棱角，就是古代的琬圭无疑了。圭的长度有一尺二寸，即同《尚书·周书·顾命》郑玄《注》"大璧、大琬、大琰都是长度一尺二寸"。

琬圭：青色玉，有土色斑纹。绘图小，是实际器物的十分之七。

琬圭：红色玉，下断，应当就是长一尺二寸的大琬。

【点评】

以上据《考工记·玉人》介绍琬圭大小彩饰，重在其为德之象征意义。一般的圭都是穿孔上削平薄头作方椎状，而琬圭不然。琬圭因其有象德之义，所以上部一般削平薄的地方，却制作为天穹隆起状，顶部更作圆首，大约又有进一步比于天象的用意。这种象征的意义当然是人所赋予的，但琬圭因此在社会生活中有了非同寻常的作用，即作为周天子使者出使诸侯国的信物，也就是使者代表天子奖励诸侯的"身份证"，从而被广泛应用于天子与诸侯交往的场合，有了帮助统治者实现内部上下和睦的政治功能。这就不仅

"以象德"，而且可用"以结好"了。琬圭的象征义至后世仍留在人们的记忆中，时或被人回顾，如元方回《石氏四子名字说》认为："盖琬圭之首圆，其象仁，第三子庆源，欲名曰石琬，字德玉。"虽然把琬圭的象征义由德而扩及于仁有了变化，但仍能清晰地看到琬圭的影响，而且这影响还在发展变化中。

青圭

青圭：青玉。图小，于器十分之九。（图11）

【译文】

青圭：青色玉。绘图小，是实际器物的十分之九。

【点评】

以上说青圭。青圭，用青色玉做成，故名。青即苍，为东方之色，所以《周礼·春官宗伯》载："以青圭礼东方。"看似平常，实际蕴涵古代阴阳五行、天人合一思想，有复杂而深刻的哲学意义。

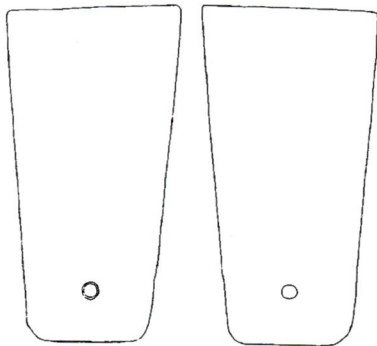

图11

琰圭

琰圭①：元玉②。图小，于器十分之八。上作半规形，两角微缺。（图12）

右圭，玉色纯黑，与世俗所谓水银浸者不同③，殆即古之元圭与④？

图12

其制上作半月形。大澂所集《说文古籀补》⑤：
"丬字，即古文斨⑥。"它圭象终葵首，此独
象斨首，即《考工记》"判规"之制⑦。左右
两角，棱棱有锋。《儒行》："毁方瓦合。"⑧
《疏》："圭角，谓圭之锋芒，有楞角。"即指
琰圭而言。后人未见古制，以圭之剡上者为
圭角，终觉相强也⑨。《周礼·典瑞》："琰圭
以易行，以除慝⑩。"郑司农云⑪："琰圭有锋
芒，伤害、征伐、诛讨之象，故以易行除慝。
易恶行令为善者，以此圭责让喻告之也⑫。"
琰圭与剡上异解，乃《玉人》"琰圭九寸，判
规"《注》云："凡圭，琰上寸半。琰圭，琰半
以上，又半为瑑饰⑬。"此郑君未睹"判规"之

制，而以意解之耳⑭。

【注释】

①琰（yǎn）圭：上端尖锐的圭。

②元玉：即玄玉，黑色的玉。元，即"玄"，清避康熙帝爱新觉罗·玄烨讳改。

③水银浸：殉葬的金玉等器物，被大殓时涂于尸体上的水银所浸染而形成的斑点。

④元圭：即玄圭，以其玉为黑色，故名。今最早见于《尚书·禹贡》："禹锡玄圭，告厥成功。"蔡沉《集传》："水色黑，故圭以玄云。"

⑤《说文古籀（zhòu）补》：十六卷，清吴大澂著，古文字学专著。

⑥斨（qiāng）：方孔的斧子。

⑦判规：见《周礼·冬官考工记·玉人》。判，即半。规，指圆。或以"规"为"瑑饰"，

即雕刻的凸纹。

⑧《儒行》:《礼记》篇名。记孔子对哀公历举儒者之行,阐发儒家的道德理想规范。毁方瓦合:毁去棱角,与瓦砾相合。喻屈己从众,君子为道不远离人。出自《礼记·儒行》:"慕贤而容众,毁方而瓦合,其宽裕有如此者。"

⑨相强:勉强,强迫。

⑩慝(tè):过差,邪恶。

⑪郑司农:指东汉初经学家郑众(?—83),字仲师。河南开封(今河南开封)人。经学家称"先郑",以别于后汉郑玄称"后郑"。又因其曾官大司农,称郑司农,以别于东汉宦官南阳人郑众。

⑫责让:责成,教训。喻告:告喻,告示。

⑬琢饰:以琢为妆饰。琢,玉器上雕刻的凸起的花纹。

⑭以意解之:仅凭想象的解释。

【译文】

琰圭:黑色玉。绘图小,是实际器物的十分之八。上部作半圆形,两角微缺。

上面的琰圭,玉的颜色完全黑色,与世上俗人所说用水银浸泡的不一样,大概就是古代的玄圭吧?其形制上端作半月形。大澂所集《说文古籀补》载:"H字,就是古文字的圻字。"其他的圭上部象椎头,只有这个圭的上部象圻首之状,就是《考工记》半圆的样式。左右两角,有瘦削的锐尖。《礼记·儒行》:"毁去棱角,与瓦砾相合。"孔颖达《疏》:"圭角,是指圭的锋尖,有棱角。"说的就是琰圭。后世的人没有见过古代

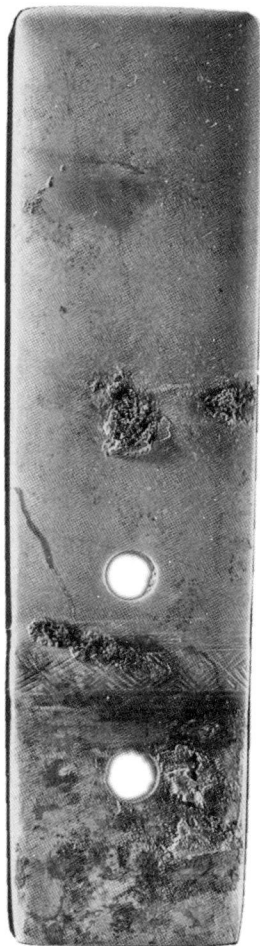

玉圭
商代早期 中国社会科学院考古研究所藏

制作的琰圭，以为圭上部削薄的就是圭角，到底觉得比较勉强。《周礼·典瑞》："琰圭用以删除烦苛，讨伐恶行。"郑众说："琰圭有锐角，是伤害征伐诛讨的象征，所以用来删除烦苛，讨伐恶行，使做善事，用这种圭责成教训告喻诸侯。"琰圭与圭上部削薄的说法不一样，是《考工记·玉人》所称"琰圭长九寸，半圆"的《注》所说："所有的圭，上部削薄一寸半。琰圭，于削薄部分的一半以上雕刻有纹饰。"这是由于郑众没有见过古代"判规"的半圆形制，而仅凭想象的解释。

【点评】

以上说琰圭，琰圭是古代天子用以象征祛苛除恶、教训惩罚不端诸侯的节符。本节据《周礼》有关记载，验之于实物，确考其形制，探讨其用途，纠正了汉人笺注中存在的错误，给读者以琰圭更加全面、准确和清晰的印象；也可以进一步看到上古玉器地位之重、品类之盛、用途之广。例如，在政治生活中，虽然多用以标识上下尊卑的等级和赏功，但也有琰圭之类专门用为惩恶罚罪，有似于今天体育赛场上维护竞争规则的黄牌或红牌。

谷圭

谷圭①：图小，于器十分之九。青玉，黑文。（图13）

《周礼·典瑞》："谷圭以和难②，以聘女③。"《玉人》不言和难者，聘女则礼之常，和难则事之变也④。此为卿大夫出使之瑞节。后有刻文者⑤，即《玉人》所谓"组圭、璋、璧、琮、琥、璜之渠眉"是也⑥。

【注释】

①谷圭：古代诸侯用以议和或聘女的玉制礼器。《周礼·春官宗伯·典瑞》："谷圭以和难，以聘女。"郑玄《注》："谷圭，亦王使之瑞节。谷，善也，其饰若粟文然。"粟文，

粟粒状纹理。

②和难：化解仇冤、争端。

③聘女：以礼品与女方约定婚姻，或娶女子过门。

④事之变：事情之偶发不正常。

⑤刻文：此指刻于圭上的花纹或文字。

⑥即《玉人》所谓"组圭、璋、璧、琮、琥、璜之渠
眉"：所述引文实出《周礼·春官宗伯·典瑞》："组圭、
璋、璧、琮、琥、璜之渠眉。"郑玄《注》："渠眉，玉饰
之沟瑑也。"贾公彦《疏》："此六玉两头皆有孔，又于
两孔之间为沟渠，于沟之两畔稍高为眉瑑。"渠眉，玉
饰上的雕纹，凹陷者谓渠，隆起者谓眉。

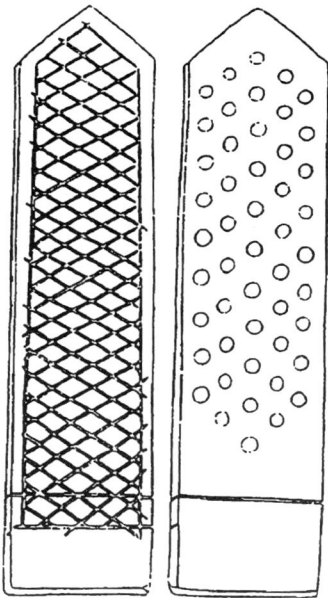

图13

【译文】

谷圭：绘图小，是实际器物的十分之九。青色玉，黑
色纹。

《周礼·典瑞》："谷圭，诸侯用来和解冤仇，以及缔
结婚姻时给女方下聘礼。"《考工记·玉人》不说诸侯用来和解冤仇，应是由于给女方下聘礼
是常事，而用于和解诸侯间嫌怨之事则不常有。这一件谷圭就是卿大夫出使的玉节。其背面
雕有纹饰，就是《考工记·玉人》所说"组圭、璋、璧、琮、琥、璜的雕纹"。

【点评】

以上考论谷圭，先据实物详述其大小、色泽、纹饰。然后据《周礼·典瑞》总说其用途有
二：一为和难，一为聘女。但是，《考工记·玉人》说"谷圭七寸，天子以聘女"，只及聘女，而
不提和难。对此，作者认为应是由于天子用谷圭以聘女事属经常有的，而用于和解诸侯间仇
隙的情况不多的缘故。虽属猜测，但可备一说。

圭

圭：玉质温润，乾黄色[①]。（图14）

圭：白玉，灰浸[②]，俗称鸡骨白[③]。长九寸。（图15）

《考工记·玉人》"琬圭九寸"、"琰圭九寸"。是圭虽非琬、琰，而以周镇圭尺度之，适得九寸，其制与"杼上终葵首"合。

【注释】

①乾黄：玉色名，即如干燥黄土的颜色。

②灰浸：受到灰土的浸渍。

③鸡骨白：白玉颜色的一种，即如鸡骨头一样的白色。

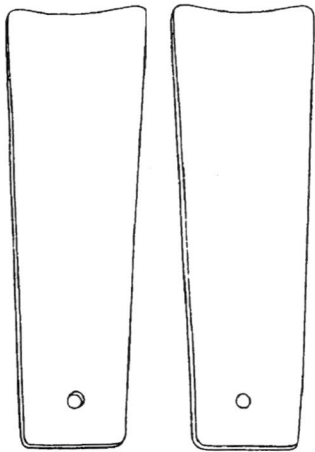

图14

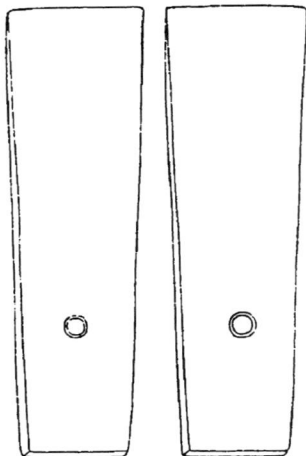

图15

玉圭
春秋晚期　山西省考古研究所藏

【译文】

　　圭：玉质温和柔润，乾黄色。

　　圭：白色玉，经灰土浸渍，俗称鸡骨白。圭长九寸。

　　《考工记·玉人》"琬圭长九寸"、"琰圭长九寸"。这件圭虽然不是琬圭或琰圭，但以周镇圭尺寸衡量，正好长九寸。其形制与自中部向上部逐渐削减之"杼上终葵首"的方椎样式相符合。

【点评】

　　以上介绍的两种圭，一种乾黄，一种鸡骨白，但是都不详其名。唯鸡骨白一种，作者据其形制，认为虽然不是琬圭或琰圭，却与琬、琰两种圭的长度同为九寸，圭的上部形状也相符合，提供了进一步思考的方向与线索，却不下定论，态度谨慎。

笏

　　笏：青玉，黑晕。（图16）

　　或问古玉有似璋非璋、似刀非刀者[①]，其名不可得而详。余曰："此笏也。"何以知为笏？曰："边有三孔，可以结绳佩于绅带之间。非笏而

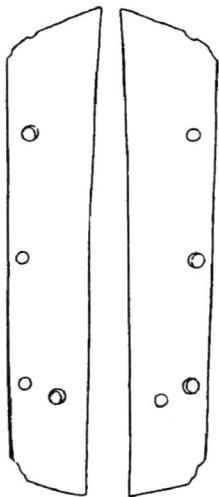

图16

何？"其三孔之外，又有一孔，何也？曰："此系组之孔，故居中而向后。"何以上下皆不方，有可考欤？曰："此大夫之笏，《玉藻》所谓'前诎后诎②，无所不让'也。"何以称前后不称上下？曰："执圭有上下③，故曰杼上、曰剡上。佩笏如佩剑，系于革带之下④，故曰'前诎后诎'。"或又曰："大夫之笏，长至一尺九寸，得毋与天子之珽相埒乎⑤？"余曰："《玉藻》言'笏度二尺有六寸'，此笏之通制，不言天子、诸侯、大夫之别者，笏以直诎判等威，不以长短分贵贱也。"大夫之笏，安得用玉？曰："礼乐、征伐自大夫出⑥，孔子慨之。僭用玉，非礼也。"

【注释】

①刀：此指刀币。

②诎：通"屈"，弯曲。

③执圭有上下：君臣在朝手里持的圭有爵位上下等级的区别。

④革带：皮做的束衣带，又称鞶（pán）带，用以插或系各种佩饰。

⑤得毋：恐怕。相埒（liè）：相等。

⑥礼乐、征伐：制礼作乐，出兵打仗，代指国家大事。

【译文】

笏：青色玉，有黑色光影。

有人问古玉有像璋而不是璋、像刀而不是刀的，它的名字没办法知道得具体。我说："这是笏。"怎么知道叫笏呢？我说："器物边有三个孔，可以结绳佩在士大夫束腰的大带之间。

不是笏又是什么呢？"那三孔之外，还有一个孔是什么？我说："这是系组的孔，所以居中而又向后。"为什么上下都不方，有什么可考证的吗？我说："这是士大夫所用的笏，正是《礼记·玉藻》所说的'前屈后屈，对上下皆须谦退'。"为什么称前后而不称上下？我回答说："手执圭上朝有等级之分，因此说杅上、剡上，佩带笏如同佩带剑，系于革带之下，所以说'前屈后屈'。"有人又说："士大夫的笏，长一尺九寸，恐怕和天子的珽相等吧？"我说："《礼记·玉藻》说：'笏长二尺六寸。'这是笏统一的规格。不说天子、诸侯、大夫区别的原因，是因为笏以直屈别尊卑，不以长短分贵贱。""士大夫的笏，怎么可以用玉？我说："制礼作乐和出兵打仗的命令都出自士大夫，孔子亦为之感慨。因为超越自己的身份用玉，违背礼制的规定。"

【点评】

以上说笏，我国清朝以前历代王公大臣朝见天子时所持的板子，依官职爵位等级的不同，分别用玉、象牙或竹木片制成，又称手板、玉板、朝笏或朝板等。其作用一是在笏上记录君命或旨意，二是也可以将自己上奏君王的事写在笏板上备忘。从而笏也就成为清代以前官

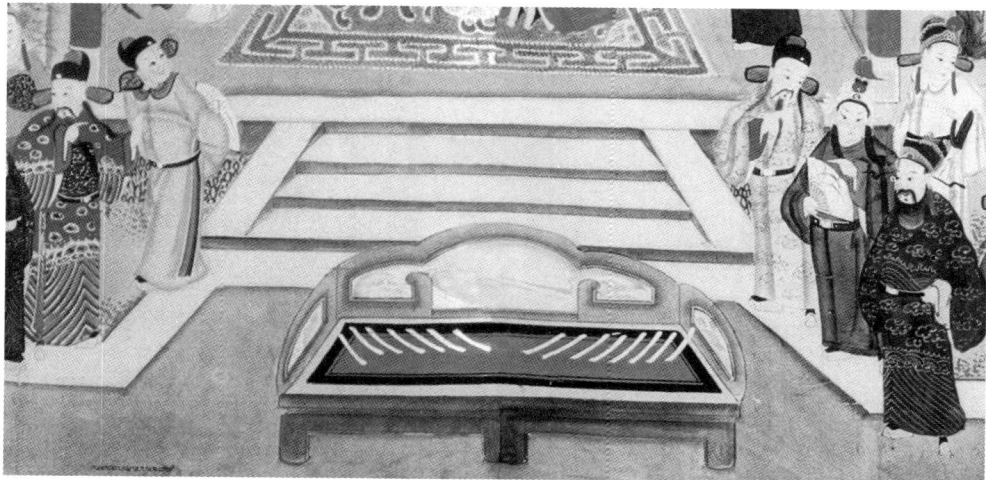

清版画《满床笏》局部

员上朝必备之具和做官的象征。我国古代曾流传"满床笏"的典故，原本《旧唐书·崔义元传》："开元中，神庆子琳等，皆至大官，每岁时家宴，组佩辉映，以一榻置笏，重叠于其上。"但这个故事后来俗传转移到唐朝中兴名将汾阳王郭子仪身上，传统戏剧中有《满床笏》、还有同题年画，又被写入小说，说郭子仪过六十大寿，七子八婿都来拜贺，由于都是高官，随身带有笏板，给老丈人拜寿却是不能用的，只好把笏板放到床上，堆满了一床头，一说堆满了一张象牙床，好不气派！明清时期，这个故事在民间广泛流传，"满床笏"也就被用来作为家门鼎盛、福禄寿考的象征。但在实际生活中，明朝灭亡以后，清朝官员面君行满洲族礼仪，打马蹄袖下跪请旨，朝笏制度也就消亡了。所以，笏在中国古代应用范围虽然不大，但历史悠久，关乎最高礼仪，其存废甚至曾关乎民族兴亡。

璋

璋：青玉，有璊斑①，长一尺十分寸之六。邵漪园观察涟所藏。（图17）

右璋，即《玉人》所云："边璋七寸②，射四寸是也③。"今以周镇圭尺度之，长一尺一寸稍弱，刬出之射，长三寸十分寸之六，射下七寸，正合边璋之制。射长不足四寸者，古之良玉不易得，就玉琢器，或有不足耳。郑康成曰："于大山川，则用大璋④，加文饰也；于中山川，用中璋⑤，杀文饰也⑥；于小山川，用边璋，半文饰也。"是璋上半有瑑文⑦，可知郑《注》"半文饰"之说必有所本；贾《疏》谓"郑

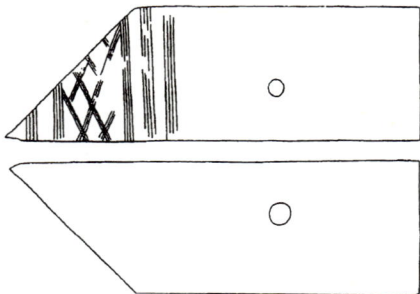

图17

君以意解之"⑧，非也。

【注释】

①璊（mén）斑：红色斑纹。璊，红色的玉。

②边璋：长七寸、半文饰的璋。此处边璋实指边璋瓒。

③射：圭璋上端锐出的部分。

④大璋：天子巡狩裸祭大的山川所用的玉。

⑤中璋：天子裸祭中等大小的山川所用的一种玉器。

⑥杀：消减。

⑦瑑（zhuàn）文：玉器上雕刻的凸起的花纹。

⑧贾《疏》：即唐贾公彦撰《周礼义疏》，五十卷。该疏今古文参用，极尽博核。贾公彦，唐经学家。洺州永年（今河北邯郸）人。永徽（650—655）中，官至太常博士。

【译文】

璋：青色玉，上面有红色斑点，长一尺六寸。邵漪园观察涟所藏。

上面的璋，正如《周礼·冬官考工记·玉人》所说："边璋长七寸，璋的射长四寸。"现在以周代镇圭尺来度量它，长一尺一寸稍差，削尖出来的射，长三寸六分，璋的射下长七寸，正好符合边璋的制度。射长不足四寸的原因，是古代美玉不容易得到，迁就玉石雕琢成器，也许就不够长度了。郑玄说："对于大山大河，就用大璋，增多纹饰；对于中等的山河，用中璋，

玉璋
西周早期　四川省博物馆藏

减少纹饰；对于小山小河，用边璋，减半纹饰。"这块璋上半部有雕琢的纹饰，可以知道郑玄《注》说"半文饰"一定是有根据的；贾公彦《疏》说郑玄"凭自己的猜想解释"，是不对的。

【点评】

以上说璋，璋属于礼玉六器之一。由于其形状和圭相似，所以常将圭、璋并称。考古中所见到的圭上端都是等腰三角形，下端平直，呈扁平长方体状。而璋的上端是一道斜边，另一端或边有穿孔。也许正因为如此，东汉许慎在《说文解字》中说"半圭为璋"。

《周礼·冬官考工记》载："大璋、中璋九寸，边璋七寸，射四寸，天子以巡守。"说明璋在上古主要是天子巡狩时祭祀山川的贡品。大山川用大璋，中山川用中璋，小山川用边璋，即使对待自然界的山川，也是按等级在礼遇上有差别的。所祭如果是山岳，仪式结束后就将玉璋埋在地下；如果是河流，仪式结束后就将璋投到河里。从而璋成为了天子献给山川神灵的贡品。

璋在上古士庶家庭生活中则有另外的作用。《诗经·小雅·斯干》有云："乃生男子，载寝之床，载衣之裳，载弄之璋。"是说生了男孩，要把他安放在座位上，给他穿上礼服，让他把玩作为礼器的玉制的璋，从小就亲近玉以培养像玉一样的品德，懂得玉璋所代表的礼仪。后世因此称生男孩为"弄璋之喜"，以别于生女孩的"弄瓦之喜"。从而璋又成为了古代社会风俗上性别差异的重要标志。

牙璋

牙璋①：青白玉。图小，于器十分之六。（图18）

此《周礼·典瑞》、《考工记·玉人》所谓牙璋也。"牙璋以起军旅，以治兵守"②，故与戈戍之制略同③。首似刀，而两旁无刃，世俗以为玉刀，误矣！圭、璋左右皆正直④，此独有旁出之牙，故曰"牙璋"。郑司农云："牙璋，瑑以为牙⑤。牙齿，兵象⑥，故以牙璋发兵，若今时以铜虎符发兵⑦。"后郑云："牙璋，亦王使之瑞节。兵守，用兵所守，若齐人戍遂⑧、诸侯戍周⑨。"又《玉人》"牙璋、中璋"《注》云："二璋皆有锄牙之饰于琰侧⑩。"今得是器，可以证康成锄牙之说。惟《玉人》云："牙璋、中璋七寸，射二寸"，当以九寸为度。是璋长至一尺七寸有半寸，疑亦东周以后之物，与古制尺寸不甚合也。

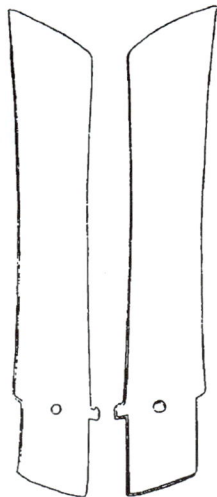

牙璋

图18

【注释】

①牙璋：古代的一种玉制兵符。

②牙璋以起军旅，以治兵守：出自《周礼·典瑞》。军旅，军队或战争。

③戈戍之制：持戈守边的制度。按，"伐"字左人右戈，人持戈也。"戍"字下人上戈，人何戈也。

④圭、璋：两种贵重的玉制礼器。《礼记·礼器》："圭、璋特。"孔颖达《疏》："'圭、璋特'者，'圭、璋'，玉中之贵也；'特'谓不用他物媲之也。诸侯朝王以圭，朝后执璋，表德特达不加物也。"

⑤瑑（zhuàn）：玉器上雕刻的凸起的花纹。

⑥兵象：兵器或战争的征象。

⑦铜虎符：汉代发兵所用的铜制虎形兵符。

⑧齐人戍遂：《左传·庄公十三年》："春，会于北杏，以平宋乱。遂人不至。夏，齐人灭遂而戍之。"指此。遂，西周春秋时鲁国的附庸。戍，守，这里指占领。

⑨诸侯戍周：《左传·僖公十三年》："秋，为戎难故，诸侯戍周。"

玉牙璋
商代早期　中国社会科学院考古研究所藏

⑩锄牙：锯齿。《周礼·冬官考工记·玉人》："牙璋、中璋七寸。"汉郑玄《注》："二璋皆有锄牙之饰于琰侧。"孙诒让《正义》："锄牙，谓就其剡处刻之，若锯齿然，不平正。"

【译文】

牙璋：白而发青的玉。绘图小，是实际器物的十分之六。

这就是《周礼·典瑞》、《考工记·玉人》所说牙璋。"牙璋用以发兵，调动守卫的军队"，因此与持戈守边的制度略同。上头像刀而两边没有刀刃，世间习俗以为是玉刀，这是错误的。圭、璋左右两边都正而且直，这里特有向旁边生出的牙，因此称作"牙璋"。郑众说："牙璋，玉器上雕刻凸起的花纹即为牙。牙是兵戎的征象，所以用牙璋发兵，就如现在以铜虎符发兵一样。"郑玄说："牙璋，也是天子使者所持作为凭信的玉制符节。兵守，用兵防守，就像齐人占领遂人之地，诸侯保卫周天子一样。"又《礼记·玉人》"牙璋、中璋"《注》说："这两种璋的上端都有锯齿那样的装饰在琰的两侧。"今天得到这种器物，可以证实郑玄有关"锄牙"的说法。只有《考工记·玉人》说："牙璋、中璋长七寸，璋的射占二寸"，应当以长九寸为准。这个璋长一尺七寸半，怀疑也是东周以后的器物，与古时样式的尺寸不甚符合。

【点评】

以上说牙璋，牙璋是周代天子、诸侯用以调动自己军队的兵符。玉制，因边缘形似牙齿，故名。牙璋作为兵符以两块互相咬合，一凹一凸，君王一块，主将一块，两块合符才可以

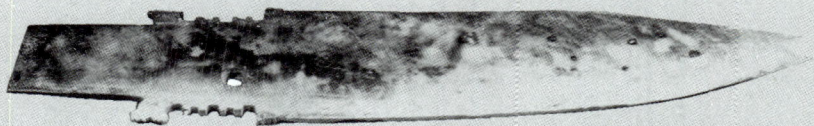

玉牙璋
商代晚期　四川省文物考古研究所藏

生效调兵，后世演变成为虎符。

关于周代君王以牙璋调兵，《史记·魏公子列传》载有公子窃符救赵的事件。魏安釐王二十年，秦昭王破赵军于长平，坑降卒四十万，又进兵包围赵国首都邯郸。赵国多次向有姻亲关系的魏国求救，魏王命大将晋鄙领兵十万救赵，晋鄙却止兵于邺城作壁上观。赵国无奈，魏国信陵君用大梁夷门隐士侯嬴之计，椎杀晋鄙，夺取兵符，领魏军进攻，使秦军解邯郸之围而去，保全了赵国。可知历史上牙璋的作用曾关乎国家兴亡，如今有机会观赏或有幸收藏的话，应不仅仅把它看作古玩而只关注它值多少钱吧。

瑁

瑁[①]：玉色纯黑。（图19）

《玉人》云："天子执冒[②]，四寸，以朝诸侯[③]。"《注》云："名玉曰冒者，言德能覆盖天下也。四寸者，方以尊接卑，以小为贵。"《说文》"瑁"下云："诸侯执圭朝天子，天子执玉以冒之，似犁冠。古文从月，作玥。"段《注》云："《尔雅》注作犁馆[④]，谓耜也[⑤]。"《周礼·匠人》："耜广五寸[⑥]，二耜之伐[⑦]，广尺。"耜刃方，瑁上下方似之。《尚书大传》曰[⑧]："古者

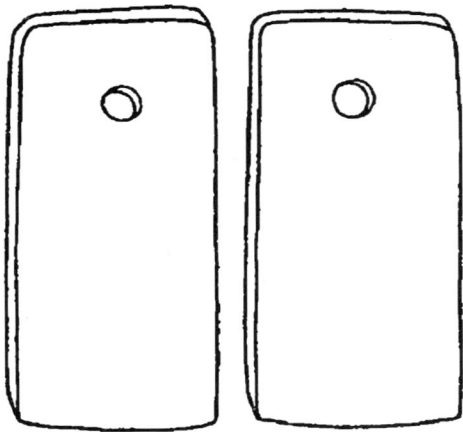

图19

圭必有冒，不敢专达也⑨。天子执冒，以朝诸侯，见则覆之。"右玉形制与耜相似，上下皆方，以镇圭尺度之，适合"耜广五寸"之制，可证许君"瑁似犁冠"之说。玉人制器，虽略有参差，大致不出四五寸之间。

【注释】

①瑁（mào）：天子所执的玉，用以合诸侯的圭，覆于圭上，故称瑁。

②冒：古通"瑁"。

③以朝诸侯：用来接受诸侯的朝见。

④馆（guǎn）：犁头，犁刃。

⑤耜（sì）：古代农具名，耒耜的主要部件，似锹，耒下端铲土的部分装在犁上，用以翻土。

⑥广：宽。

⑦伐：翻土。

⑧《尚书大传》：对《尚书》的解释性著作，作者和成书时间均无法完全确定。目前只有后人辑本传世，以清皮锡瑞本最佳。

⑨专达：不经禀报自行上达。《周礼·天官冢宰·小宰》："一曰天官，其属六十，掌邦治，大事则从其长，小事则专达。"

【译文】

瑁：玉色纯黑。

《周礼·冬官考工记·玉人》说："天子所执的瑁四寸长，用来接受诸侯的朝见。"《注》

说："美玉的名称作冒的，就是说其德性能覆盖天下。四寸长的，才能以尊贵的身份接见卑微的人，以小的为珍贵。"《说文解字》"瑁"字下说："诸侯手执圭来朝见天子，天子手执玉器用以覆诸侯的圭，像犁头。上古文字从月，称作玥。"段玉裁《注》说："《尔雅》注作犁头，称作耜。"《周礼·冬官考工记·匠人》："耜宽五寸，二耜并用所挖掘的水道，宽一尺。"耜的刀口为方形，瑁的上下也像方形。《尚书大传》说："古代的圭肯定有瑁，不敢不经禀报自行上达。天子手持瑁以接见诸侯，见了就用瑁来覆诸侯的圭。"上面的玉形制与耜相像，上下都方，以镇圭尺寸衡量，适合"耜广五寸"的制式，可以证明许慎"瑁似犁冠"的说法。玉人制器，虽然略有差别，大体只在四寸至五寸之间。

【点评】

以上说瑁，《周礼·冬官考工记·玉人》："天子执冒，四寸，以朝诸侯。"《尚书大传》："天子执瑁，以朝诸侯，见则覆之。故瑁、圭者，天子所与诸侯为瑞也。"《尚书·顾命》孔安国《注》："冒，所以冒诸侯之圭，以齐瑞信，方四寸。"《白虎通》："合符信者，谓天子执瑁以朝，诸侯执圭以觐天子。瑁之言冒也，上有所覆，下有所冒也。"《说文解字》："瑁，诸侯执圭朝天子，天子执玉以冒之。"

从上述史籍文字记载可以得知，瑁，四寸长，诸侯扶圭朝见天子时，天子用瑁在诸侯的圭上覆一下，以示礼节，就相当于今天朋友见面时相互打招呼、点头、握手之类的动作。

瑁长四寸，指的并不是现在的长度单位。商代时一尺合今**16.95厘米**，周秦时约合**23.1厘**米。古代一尺为八寸，四寸大约为10厘米左右，比较符合常理。

大璧

大璧：图小，于器十分之七。（图20）

大璧：青玉。图小，于器十分之六。刘毅吉观察鼎所藏[①]。（图21）

古玉图考

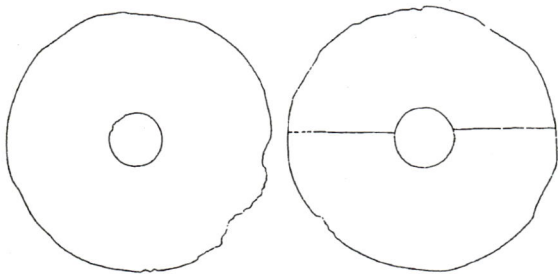

图20

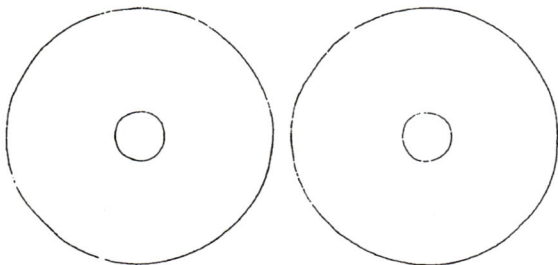

图21

右，苍璧二②。其一为刘毅吉观察鼒所藏，与余所得尺有二寸之镇圭尺寸正合。以余所藏大璧斠之③，径寸稍弱④。制作皆古朴浑成，色泽深厚，望而知为三代古物，当即周之宏璧也⑤。《尔雅·释器》："肉倍好⑥，谓之璧。"《周礼·大宗伯》："以苍璧礼天⑦。"《注》："璧圜象天。"《书·顾命》："宏璧。"郑《注》："大璧、大琬、大琰皆度尺二寸者。"《五代会要》三引崔灵恩《三礼义宗》云⑧："苍璧所以礼天，其长尺有二寸，盖法天之十二时⑨。"又《周礼·小行人》："璧以帛⑩，琮以锦⑪。"《注》："五等诸侯享天子用璧⑫，享后用琮。"然则尺有二寸之大璧，非礼天之瑞玉，即诸侯享天子所用也。

【注释】

①刘毅吉观察鼒（zī）：刘鼒，字毅吉。湖南湘乡（今湖南湘乡）人，清光绪间官至山西按察使。

②苍璧：深青或深绿色玉璧。

③斠（jiào）：古通"校"，比较。

④径寸：径长一寸。

⑤宏：大。

⑥肉：中间有孔的环状物的体部。好：即孔的部分，与"肉"为玉的部分相对。

⑦礼：犹言祭祀。

⑧《五代会要》：汇编后梁、后唐、后晋、后汉、后周五代典章制度及其损益沿革的史书。三十卷（一作五十卷），北宋王溥（922—982）撰。王溥，字齐物。并州祁县（今山西祁县）人。另撰有《周世宗实录》、《唐会要》等。

玉璧
西汉前期　广东省广州市西汉南越王墓博物馆藏

崔灵恩：南朝梁清河郡东武城（今河北清河）人。在北仕魏为太常博士。后归梁，累迁步兵校尉，兼国子博士。出为桂州刺史。卒官。著名学者，有《集注毛诗》、《左氏经传义》等多种。《三礼义宗》：三十卷，是崔灵恩研究三礼的代表作。

⑨法天：效法天道自然。《庄子·渔父》："愚者反此，不能法天而恤于人。"成玄英《疏》："愚迷之人反于圣行，不能法自然而造适。"十二时：我国古代分一日为夜半、鸡鸣、平旦、日出、食时、隅中、日中、日昳、晡时、日入、黄昏、人定，以次以子、丑、寅、卯、辰、巳、午、未、申、酉、戌、亥名之，称"十二时"。十二时大致上把一昼夜二十四小时做了等分。每一"时"约相当于现代计时的两个小时。

⑩璧以帛：璧以帛为饰。

⑪琮以锦：琮以锦为饰。

⑫五等诸侯：周代诸侯爵次分公、侯、伯、子、男五等，故称。

【译文】

大璧：绘图小，是实际器物的十分之七。

大璧：青色玉。绘图小，是实际器物的十分之六。刘毅吉观察藟所收藏。

以上苍璧两块。其中一块为刘毅吉观察藟所收藏，与我所得一尺二寸镇圭尺寸正合。用我所藏的大璧相较量，径长稍差一点。制作都很古朴，浑然而成，颜色和光泽很深厚，一看便知是三代时古物，应当是周朝的大璧。《尔雅·释器》："大圆环小中孔的玉是璧。"《周礼·春官宗伯》："用苍璧祭祀天帝。"《注》："璧形圆，如天之形象。"《尚书·顾命》："大璧。"郑玄《注》："大璧、大琬、大琰都以一尺二寸为度。"《五代会要》三引崔灵恩《三礼义宗》说："用苍璧祭祀天的道理，是其长一尺二寸，为效法天有十二时。"又《周礼·秋官司寇·小行人》："璧用帛为饰，琮以锦为饰。"《注》："周代公、侯、伯、子、男五等诸侯献玉给天子，天子接受后则饰以琮。"那么长一尺二寸的大璧，不是祭祀天的瑞玉，就是诸侯献给天子所享用的。

【点评】

以上说大璧。三代最重视的，除战争之外，就是祭祀。祭祀之礼，其一是祭天，包括礼祭天地四方。《周礼·春官宗伯》载："以玉作六器，以礼天地四方：以苍璧礼天，以黄琮礼

鲁国大玉璧
战国早期　山东省博物馆藏

地,以青圭礼东方,以赤璋礼南方,以白琥礼西方,以玄璜礼北方。"可见玉璧作为礼器,是周代礼祭天地四方必备之器,在礼器中有重要地位和用途;二是祭祖,清唐秉钧《文房肆考图说·玉考说》载:"朝廷尊祖配天,亦用苍璧。"总之,当时所有最重要的祭祀都要用到玉璧,玉璧的重要与宝贵就可想而知了。

　　1977年鲁国故城遗址出土鲁国大玉璧一块,现藏于山东博物馆。该玉璧为战国时期的随葬用礼玉,为国内发现的同类玉器中最大的一件。因有"以苍璧礼天"的说法,所以山东博物馆新馆大厅上方穹顶设计采用了鲁国大玉璧的造型,浑然如盖,深邃壮观。

谷璧

　　谷璧[①]:青玉,璊点,廓外有龙文者仅见,不知何所取义? (图22)
　　谷璧:白玉,璊斑。(图23)
　　谷璧:青玉,黑斑,以镇圭尺度之,径五寸。(图24)
　　谷璧:白质黑章[②],满身水绣[③]。(图25)

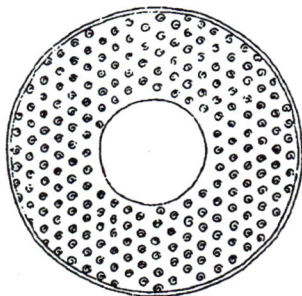

图22　　　　　　　　　　　　　　　　图23

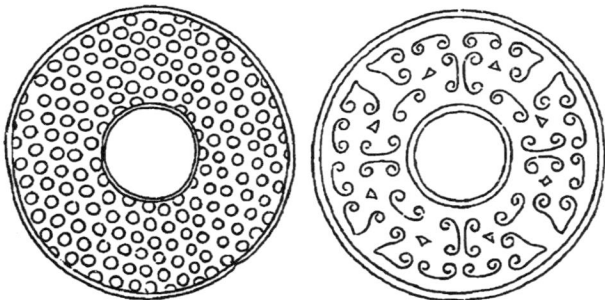

图24

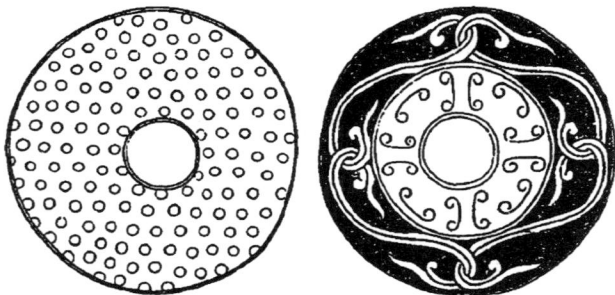

图25

【注释】

①谷璧：六瑞之一。古代子爵诸侯所执之玉。《周礼·春官宗伯》："以玉作六瑞，以等邦国：王执镇圭，公执桓圭，侯执信圭，伯执躬圭，子执谷璧，男执蒲璧。"郑玄《注》："谷，所以养人；蒲为席，所以安人。二玉盖或以谷为饰，或以蒲为璙饰，璧皆径五寸。"

②白质黑章：白色的底子上有黑色的花纹。

③水绣：当指水纹状的雕饰。

【译文】

谷璧：青色玉，红色斑点，轮廓外有龙纹的很少见，不知道因何取义？

谷璧：白色玉，红色斑点。

谷璧：青色玉，黑色斑点，用镇圭的尺寸衡量它，直径长五寸。

谷璧：白色底子黑色花纹，全身水纹状的雕饰。

【点评】

以上说谷璧，谷璧是上古贵族朝聘、祭祀、丧葬时所用的礼器。玉质，环形，以谷为饰。璧上雕有谷形的凸纹，带有密集成排的小乳丁，乳丁上呈漩涡状，象征初生的谷芽，取重农养民之意。

战国以来的谷璧还出现有"廓"，即在璧的周围或局部镂雕出装饰纹样，有的甚至在中间孔的周围也镂雕饰纹。这种情况下的"廓"一般较矮，不超过玉璧的直径。汉代谷璧的"廓"，有的在璧的一侧镂雕一近似三角形的装饰，装饰较高，有时甚至超过玉璧的直径，因此又称"出廓"璧。装饰上部有系孔，以便系绳佩带，故又称之为"系璧"。大多呈龙凤纹和"对拱"的螭龙纹，有的在"廓"的部位还镂雕出"益寿"、"长乐"、"宜子孙"等字样。

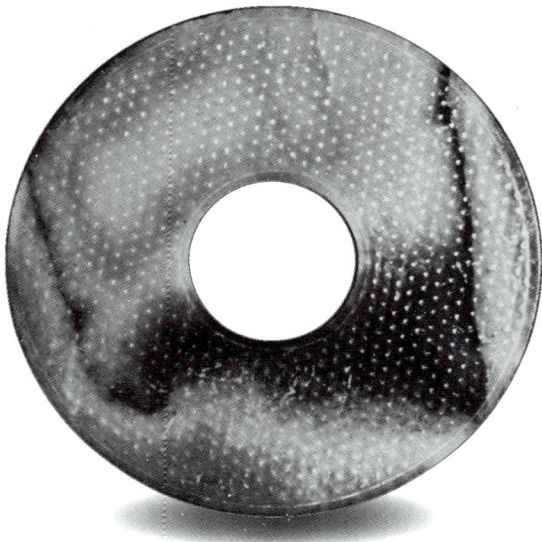

玉璧
西汉后期　河北省文物研究所藏

1986年河北中山靖王刘胜墓出土一谷璧，其四分之一外缘上镂雕两只独角螭龙，张口，尾上卷，侧身相背。螭龙头顶上有对称云纹，中间一圆穿。两龙曲身而立，外缘与近内缘各有一圈凸弦纹。璧间满饰谷纹，排列有序。

蒲璧

蒲璧^①：青玉，璃斑。（图26）

丁艮少山曰^②："古之蒲璧乃织蒲文也^③。"未见古璧有刻蒲草者，其说是也。

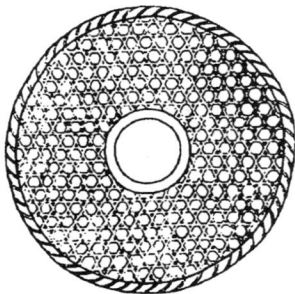 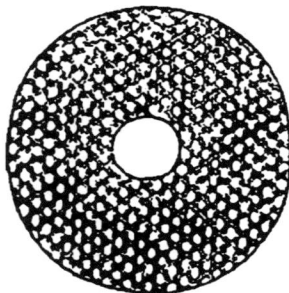 

图26   图27

蒲璧：玉色纯黑，一面双螭，一面织蒲文。刘毅吉。（图27）

【注释】

①蒲璧：古代一种上面刻有香蒲状花纹的璧。是表示爵位的一种信物。《周礼·春官宗伯》："子执谷璧，男执蒲璧。"郑玄《注》："谷，所以养人；蒲为席，所以安人。二玉盖或以谷为饰，或以蒲为璪饰，璧皆径五寸。"

②丁艮少山：即丁艮善（1829—1893），原名扬善，字少山。日照（今山东日照）人。清代学者，精于《说文》及金石文字之学。著有《吕氏春秋校录》，校勘仿宋《说文解字》、仿宋《翰苑集》、仿宋《陶诗注》、仿宋《唐石经凡例》等。

③织蒲：编蒲为席。《左传·文公二年》："（臧文仲）下展禽，废六关，妾织蒲，三不仁也。"杜预《注》："家人贩席，言其与民争利。"后即用作为政不仁与民争利之典故。

【译文】

蒲璧：青色玉，红色斑纹。

丁艮善说："古代的蒲璧是织蒲为席的花纹。"没见过古璧有雕刻蒲草的，这种说法是对的。

蒲璧：玉色纯黑，一面雕有双螭，一面有织蒲为席的花纹。刘毅吉所藏。

【点评】

　　以上说蒲璧，蒲璧为古代诸侯所执礼器。玉质，环形，径五寸，以席为饰，璧上雕有席形的凸纹，凸纹呈六角形格子，象编织的蒲席，寓有安人之意。《周礼·春官宗伯》郑玄《注》："蒲为席，所以安人。"璩饰为蒲形，蒲为席，取安人之义。璧面蒲后为瑞草，象征草木繁茂，欣欣向荣。拱璧的形制、色泽、纹饰等，都与祭天的礼仪有一定联系。

玉璧
春秋早期　河南省博物馆藏

苍璧

　　苍璧：青玉，无文，制作浑朴，亦三代礼天之器[①]。（图28）

【注释】

　　①礼天：祭祀天神。

【译文】

　　苍璧：青色玉，没有纹饰，制作浑朴，也是三代祭祀天神的器物。

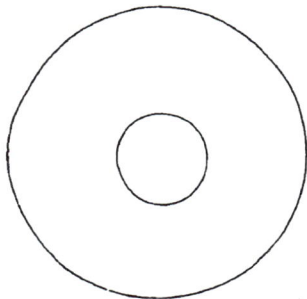

图28

璧

璧：黄玉，璊斑。（图29）

璧：白玉，璊斑。刘毅吉观察所藏。（图30）

璧：山元玉，满身细黑文。（图31）

璧：山元玉，一面龙文，一面虎文。（图32）

璧：山元玉，两面皆刻九龙文，正面文三，侧面文六，径五寸。（图33）

璧：山元玉，满身土斑。（图34）

璧：青玉，璊斑。（图35）

璧：白玉，水银浸，径五寸。（图36）

璧：玉色纯白，微有璊斑，上有二孔可以系绳，白璧中罕见之品。（图37）

【译文】

璧：黄色玉，红色斑纹。

璧：白色玉，红色斑纹。

璧：山玄玉，全身细黑纹。

璧：山玄玉，一面是龙纹，一面是虎纹。

璧：山玄玉，两面都刻有九龙纹饰，正面刻有三条龙，侧面刻有六条龙，直径五寸。

璧：山玄玉，全身土色斑纹。

璧：青色玉，红色斑纹。

璧：白色玉，有水银浸渍的痕迹，直径五寸。

璧：玉色纯白，稍微有红色斑纹，上有两孔可以系绳，是白璧中的罕见品。

【点评】

以上说玉璧，玉璧是中国古玉中数量最多、流传最为悠久的器型。玉璧是扁平圆形中孔

璧

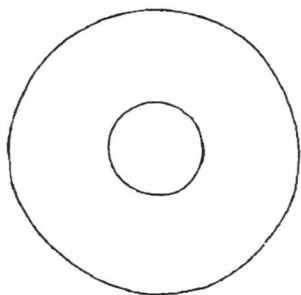

图29

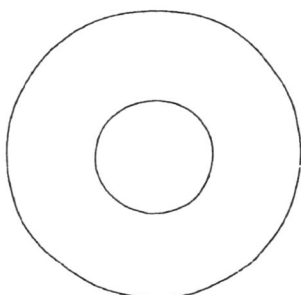

图30

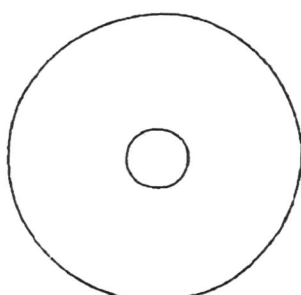

图31

图32

图33

古
玉
图
考

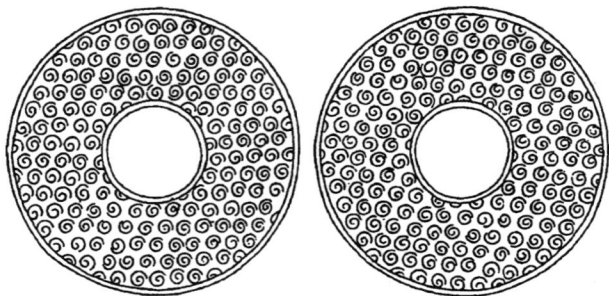

图34

图35

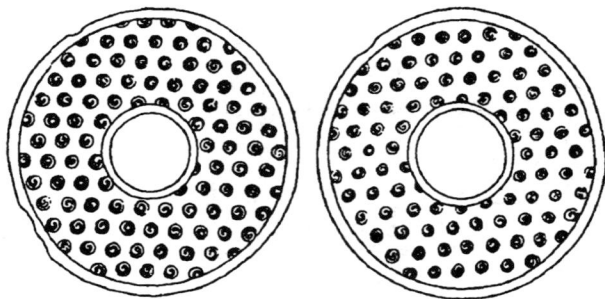

图36

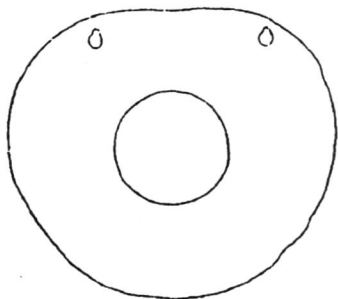

图37

的玉器，但并非只要中间有孔就是了。《尔雅·释器》说："肉倍好，谓之璧。""肉"是玉的部分，"好"是孔的部分。这句话的意思是说，玉的部分大于孔的部分的一倍，就可以称作玉璧了。这应为判断是否玉璧形制上一个明显的标准。玉璧可用于祭天和祭祖，不知何时开始还被用作佩饰、礼品和赠品，更多用为随葬品，今存玉璧就大都是从古墓葬发掘出来的。

玉璧
龙山文化　陕西省延安地区文物保管委员会藏

　　历史记载中玉璧常常出现在重要场合与时刻。如《史记·项羽本纪》所载著名的"鸿门宴"故事中，当时处于弱势并意识到有杀身之祸的刘邦，为了保全自己，席间乘机脱逃，并使张良将白璧一双献给项羽、玉斗一双献给项羽最重要的谋士亚父范增，以缓和关系，结果项羽竟相信了："项王则受璧，置之坐上。亚父受玉斗，置之地，拔剑撞而破之，曰：'唉！竖子不足与谋。夺项王天下者，必沛公也，吾属今为之虏矣！'"不数年，项羽果然被刘邦的汉军逼死于垓下，而刘邦统一全国建立了汉朝。

瑗

瑗一：白玉，满身璊斑。（图38）

瑗二：黑质白晕。（图39）

《尔雅》："肉倍好谓之璧，好倍肉谓之瑗。"郭《注》[1]："肉，边也。好，孔也。"《说文》："瑗，大孔璧也。人君上除陛以相引[2]。从玉，爰声。爰部，爰引也。"许君盖说"瑗"字从"爰"之义，形声而兼会意也。今世所传古玉，璧多而瑗少。余得二瑗，孔大而边甚窄，可以援手者，许说为不诬矣。《尔雅·释文》引《苍颉篇》云[3]："瑗，玉佩名。"段氏《说文注》引孙卿曰[4]："聘人以圭，召人以瑗。"

【注释】

①郭《注》：东晋郭璞所注《周易》、《山海经》、《穆天子传》、《尔雅》和《楚辞》等古籍的通称。郭璞（279—324），字景纯。河东闻喜（今山西闻喜）人。著名文学家、训诂学家，又是道学术数大师和游仙诗的祖师，他还是中国风水学鼻祖。另著有《葬经》。

②人君：君主，帝王。除陛：宫殿的台阶。

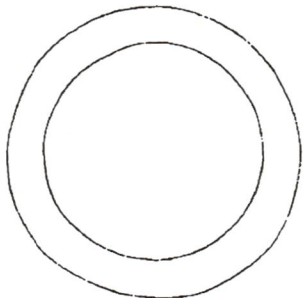 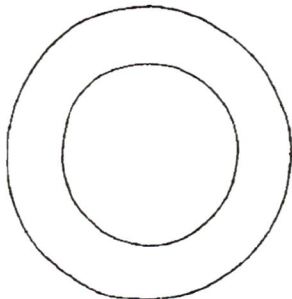

图38   图39

③《苍颉篇》：秦李斯著，古代启蒙字书。秦始皇帝统一文字时又成为小篆书体的样板。李斯（约前284—前208），李氏，名斯，字通古。战国末年楚国上蔡（今河南上蔡）人。仕秦为著名的政治家，又是文学家和书法家。

④孙卿：即荀子（约前313—前238），名况，字卿。西汉时避宣帝刘询讳，由"荀"与"孙"古音相通故称孙卿。战国赵人。著名思想家、文学家、政治家。儒家代表人物之一，时人尊称"荀卿"。

【译文】

瑗一：白色玉，全身红色斑纹。

瑗二：黑的底色，有白色光影。

《尔雅》："边是孔径的两倍就是璧，孔径是边的两倍就是瑗。"郭璞《注》："肉，就是边。好，就是孔。"《说文解字》："瑗，大孔的璧。用以引导天子上宫殿的台阶。从玉，爰声。爰部。爰，引。"许慎大概是说"瑗"字从"爰"之义，形声而兼会意。如今世间所传的古玉，

玉瑗
商代晚期　四川省文物考古研究所藏

玉瑗
西汉中期　南京博物院藏

璧多而瑗少。大澂得到两个瑗，孔径大而周边很窄，可以伸手把握，许慎的说法是正确的。《尔雅·释文》引《苍颉篇》说："瑗，玉佩的名称。"段玉裁《说文解字注》引荀子说："缔结婚姻下聘礼用圭，君召臣下用瑗。"

【点评】

以上说瑗，瑗是大孔的璧，孔的直径大约等于整件玉器直径三分之二的称为瑗。荀子说："召人以瑗。"古代延请人来时，便叫使者持瑗去请。《说文解字》讲述君王上台阶时，为免失坠，故手执玉瑗的一边，引导者则执另一边，相引而行，大概为了避免手拉手的直接接触吧。后来更演变用为佩饰，由内廓凸起的"唇瑗"逐渐演变成今天的玉镯。

环

环一：山元玉。（图40）

环二：水苍玉^①，黄晕。（图41）

环三：白玉，黄斑，微带黑晕。（图42）

环四：碧玉。（图43）

环五：青玉。（图44）

《说文》："环，璧也。肉好若一谓之环①。"《尔雅·释器》李《注》②："其孔及边肉大小适等曰环。"余所得古玉环四，度其径寸，以上下二边之分数适与中孔相等。如环径六寸，其孔三寸，上下二边各得一寸又半寸，此环之制也。师遽方尊"环"字作瑗，象环在衣带间，行则鸣佩玉，故从止，行止有节也③。至智鼎冗敦之字，乃连环之环，非肉好若一之环。《诗》④："卢重环⑤。"《传》所谓"子母环"是矣⑥！

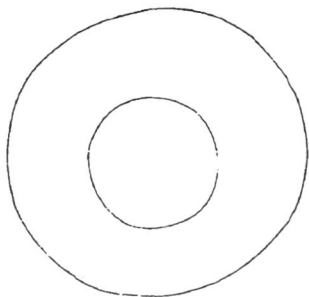

图40

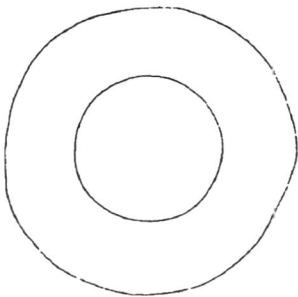

图41

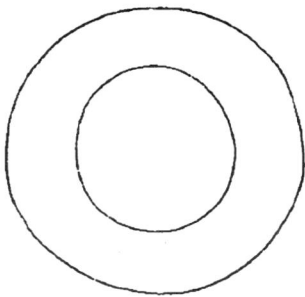

图42

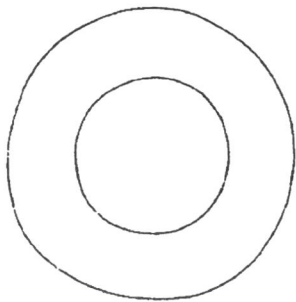

图43

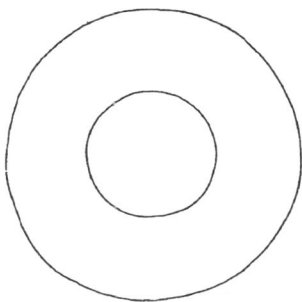

图44

【注释】

①水苍玉：杂有斑纹的深青色的玉石。古时用作官员的佩玉。《礼记·玉藻》："公侯佩山玄玉而朱组绶，大夫佩水苍玉而纯组绶。"郑玄《注》："玉有山玄、水苍者，视之文色所似也。"孔颖达《疏》："玉色似山之玄而杂有文，似水之苍而杂有文。"

②李《注》：指《尔雅》李巡的注释。李巡（？—189），汝南汝阳（今河南汝阳）人。东汉末年宦官，曾与诸大儒校订《五经》。

③行止：行步止息，犹言动和定。有节：有节度，有节制。

古玉图考

玉环
战国早期　山西省博物馆藏

玉环
东汉　江苏省扬州博物馆藏

④《诗》：指《诗经》。

⑤卢：猎犬，大黑犬，是齐国田犬之名。重环：双环，子母环。

⑥《传》：此指《毛诗故训传》。子母环：大环中穿一小环，谓之子母环。

【译文】

环一：山玄玉。

环二：水苍玉，带黄色光影。

环三：白色玉，有黄色斑纹，稍带黑色光影。

环四：碧玉。

环五：青色玉。

《说文解字》："环，就是璧。边和孔径一样大小的称作环。"《尔雅·释器》李巡《注》："孔径和边肉大小一样的叫做环。"大澂所得四只古玉环，直径一寸，上下两边的比例正好与中孔相等。例如环直径六寸，中孔三寸，上下两边各得一寸半，这是环的制样。师遽方尊"环"字作"瑗"，就像环在衣带之间，行走的时候，佩玉之声也锵然有致，所以从止，是说行步止息有节度。至智鼎冗敦的字，是连环的环，不是边肉和孔径大小一样的环。《诗经》："齐国大黑犬套子母环。"《毛诗故训传》所说的"子母环"就是这样的。

【点评】

　　以上说玉环，玉环是一种圆形而中间有孔的玉器，形状与镯子类似，其孔径大于边缘，也有与边缘相等的。古代用作君主贵族的佩饰，《史记·张释之传》载："有人盗高庙坐前玉环。"高庙即汉高祖刘邦的享庙，塑像座前置放玉环。又《汉书·隽不疑传》载："不疑冠进贤冠，带櫑具剑，佩环玦。"颜师古《注》曰："环，玉环也。玦即玉佩之玦也。带环而又着玉佩也。"另外，唐玄宗最宠爱的女人杨贵妃，天生丽质，"回眸一笑百媚生，六宫粉黛无颜

《千秋绝艳图》之杨贵妃

色",史载她的字太真,而唐代郑处诲编撰的《明皇杂录》则记载"杨贵妃小字玉环"。杨贵妃后来被称为我国古代四大美女之一,其以玉环为小名也可见古人对玉环的深爱。又因为"环"与"还"同音,古人可能还把它作为一种去而能还的象征或信物。《后汉书·袁谭传》载审配谏袁谭书中就有"愿熟详吉凶,以赐环玦"的话,李贤《注》引《孙卿子》曰:"绝人以玦,反人以环。"据说古代逐臣待命于境,赐环则还,即得到天子送来的环,就知道自己已被重新召回朝廷任职。可见古代玉环的用途甚广,意义丰富。后世演变为手镯,就主要是装饰的效果了。

系璧

系璧一:青白玉,满身璊点,上边二孔,下边三孔。(图45)

系璧二:青玉,微有璊斑。(图46)

系璧三:青玉,满身璊斑,杂以黑黄苍翠之文。(图47)

《说文》:"玤①,石之次玉者,以为系璧,从玉,丰声,读若《诗》曰'瓜瓞菶菶'②。一曰若蛤蚌。"段《注》曰:"系璧,盖为小璧,系带间悬左右佩物也。"右三玉,皆系带之璧。

系璧四:青玉,黑文。(图48)

系璧五:白玉,璊斑。(图49)

【注释】

①玤(bàng):一种质地次于玉的美石,可以做悬挂佩物的璧。

②读若:古代注音、释义用语,意即读如或读作。瓜瓞(dié):喻子孙繁衍,相继不绝。《诗经·大雅·绵》:"绵绵瓜瓞,民之初生,自土沮漆。"朱熹《集传》:"大曰瓜,小

图45　　　　　　　　　　　图46

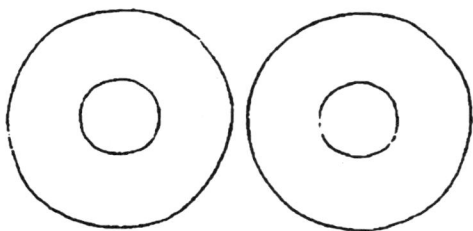

图47　　　　　　　　　　　图48

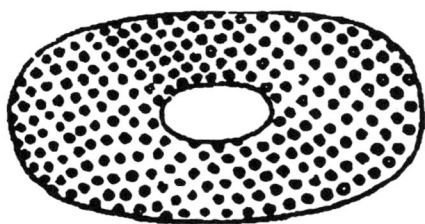

图49

曰瓞。瓜之近本初生常小，其蔓不绝，至末而后大也。"菶菶（běng）：草木茂盛的样子。《诗经·大雅·卷阿》："梧桐生矣，于彼朝阳。菶菶萋萋，雝雝喈喈。"毛《传》："梧桐盛也。"

【译文】

系璧一：青白色玉，全身红色斑点，上边有两孔，下边有三孔。

系璧二：青色玉，稍有红色斑纹。

系璧三：青色玉，全身红色斑点，间杂有黑黄青绿的纹饰。

《说文解字》："玼，一种质地次于玉的美石，用作系带的璧。从玉，丰声，读如《诗经》'瓜瓞菶菶'的'菶'。另有说是像蛤蚌的。"段玉裁《说文解字注》说："系璧，即小璧，系于衣带间，以悬挂左右的佩饰物。"右边三玉，都是系带的璧。

系璧四：青色玉，黑色纹。

系璧五：白色玉，红色斑纹。

【点评】

以上说系璧。系璧是系于带间以悬挂佩饰的小璧。始于殷商，盛于汉代。因有孔系绳以悬挂饰物得名。今存世有1973年河北定县四十号墓墓主颔下出土一玉璧，学者以为当即系璧。此品玉料呈青灰色。通长6.7厘米，宽3.6厘米。体扁平，中部饰双环套连形璧，外环饰卧蚕纹，内环饰五组云纹。璧体两侧各镂雕一对称之凤凰。两面饰纹相同。现藏河北省文物研究所。

璇玑

璇玑①：白玉，有璊斑。（图50）

《书》②："在璇玑玉衡③，以齐七政④。"《传》⑤："璇，美玉。玑衡，王者正天文之器⑥，可运转者。"《正义》曰⑦：
"玑衡者，玑为转运⑧，衡为横箫⑨，运玑使动，于下以衡望之，是'王者正天文之器'。汉世以来，谓之浑天仪者是也⑩。马融曰⑪：'浑天仪可旋转，故曰玑。衡，其横箫所以视

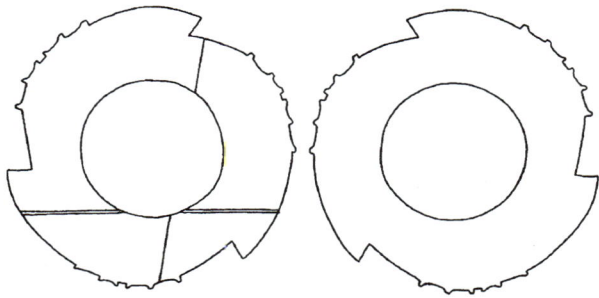

图50

星宿也。以璇为玑，以玉为衡，盖贵天象也⑫。'"是玉外郭有机牙三节⑬，每节有小机括六⑭，若可钤物⑮，使之运转者，疑是浑天仪中所用之机轮，今失其传，不知何所设施。虽非虞夏之物，审其制作，去古不远也。

【注释】

①璇玑：古代观测天象的仪器中能运转的部分。亦指整个测天仪器。

②《书》：即《尚书》。

③璇玑玉衡：古代观测天象的玉制仪器。

④七政：古天文术语。指日、月和金、木、水、火、土五星。

⑤《传》：指相传汉代孔安国为《尚书》所作的《传》，十三卷。旧题西汉孔安国撰，经后人考证，实系魏晋时人伪造。

⑥玑衡：璇玑玉衡的简称。

⑦《正义》：指唐孔颖达《尚书正义》。

⑧转运：循环运行。

⑨横箫：古代浑天仪中可以测望星宿的一种器件。

玉璇玑

商代早期　故宫博物院藏

⑩浑天仪：我国古代重要科学发明之一，东汉天文学家张衡所制浑天仪是浑仪和浑象的总称。浑仪用为测量天体球面坐标，浑象用以演示天象。

⑪马融（79—166）：字季长。右扶风茂陵（今陕西兴平）人。东汉最著名的经学家之一，是另一位著名经学家郑玄的老师，古文经学的代表人物。他一生注有《孝经》、《论语》、《诗》、《易》、《三礼》、《书》、《列女传》、《老子》、《淮南子》、《离骚》等书，后皆散佚。

⑫天象：天文现象。

⑬外郭：金属钱币和玉器等物本身外周之突出部分，又称外缘、外轮、肉郭、边郭等。机牙：弩上发箭的含矢处和钩弦制动的机件。《艺文类聚》卷六十引汉李尤《弩铭》："机牙发矢，执破丑虏。"

⑭机括：弩上发矢的机件。《庄子·齐物论》："其发若机栝，其司是非之谓也。"成玄英《疏》："机，弩牙也。栝，箭栝也。"

⑮钤：锁。

【译文】

璇玑：白色玉，有红色斑纹。

《尚书》中说："舜在观测天象的玉制仪器旁，来确考七星运转的规律。"《孔传》："璇，美玉。璇玑玉衡，是确考天文的仪器，可以运转的。"《尚书正义》说："玑衡，玑为循环运行，衡为古代浑天仪中可以测望星宿的器件。运行玑使其活动，在下用衡远看，是'天子确考天文的仪器'。汉代以来，这种仪器被称作浑天仪。马融说：'浑天仪可以旋转，因此叫玑。衡，它的横箫可以观察星宿。'"以璇为玑，以玉为衡，是崇尚天文现象。璇玑的外缘有机牙三节，每节有六个小机括，好像可以锁住物件使之运转，可能是浑天仪中所用的机轮，现在已经失传，不知道是怎么设置的。虽然不是有虞氏或夏代的器物，但是审察它的制作，距离上古也不会远的。

【点评】

以上说璇玑，亦称"玑衡"、"衡玑"。古代以玉为材料制成的天体观测仪器，样子像一个长了牙的璧，外缘有三个朝同一方向飞翘的牙，间距相等，有的其间雕刻扉棱一样的小齿。这种仪器是上古天子观察天象用的。文中引《尚书·舜典》说："在璇玑玉衡，以齐七政。"前面缺了主语舜，原文本是说舜在继尧为天子之后，就到璇玑玉衡的处所去考察天象。这可是当时最重要和尖端的工作。后世东汉张衡发明了浑天仪，璇玑玉衡就是浑天仪的前身，代表了中国古代天象考察历史早期的一个重要阶段。

夷玉

夷玉①：或云璧流离②，制作与璇玑同。（图51）

是环玉色金黄，明如琥珀而不拾芥③，世所罕觏之宝④。制作亦奇古，边之凹凸处土斑尚存，决非三代后物，其古之珣玗琪欤⑤？按《周书·顾命》"大玉、夷玉"《疏》引王肃云⑥："夷玉，东夷之美玉⑦。"郑康成云："大玉，华山之球也⑧。夷玉，东北之珣玗琪也。"《尔雅·释地》："东方之美者，有医无闾之珣玗琪焉⑨。"郭《注》："医无闾，山名，今在辽东。玗琪，玉属。"《说文》"珣"下云："医无闾之珣玗琪，《周书》所谓夷玉也。一曰玉器也，读若'宣'。"大澂前赴吉林督师时⑩，道出奉天锦州之广宁县，曾得医无闾山所产之玉，琢以为佩，大小不过寸许。未见有大者，俗名锦州石，不甚贵重之。此环玉质与

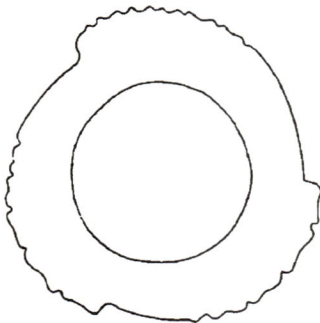

图51

锦州石相类，特有古今之制。入土既久，色泽迥异常玉耳。

【注释】

①夷玉：美玉的一种。《尚书·顾命》："大玉、夷玉、天球、河图在东序。"陆德明《经典释文》："夷玉，马云：'东夷之美玉。'《说文》：'夷玉及珣玗琪。'"

②璧流离：即本书后文所说"碧琉璃"。梵语音译。宝石名。即青色宝、猫儿眼。《汉书·西域传上·罽宾国》："罽宾地平……（出）珠玑、珊瑚、虎魄、璧流离。"

③琥珀：古代松柏树脂的化石。色淡黄、褐或红褐。拾芥：拾取地上的小草。比喻极易得到。芥，小草。

④罕觏：极少见。觏，遇见。

⑤珣玗琪：玉石名。夷玉。《说文解字·玉部》："医无闾之珣玗琪，《周书》所谓夷玉也。"段玉裁《说文解字注》："珣玗琪合三字为玉名……盖医无闾、珣玗琪皆东夷语。"

⑥大玉：华山出产的美玉。《疏》：指孔颖达《尚书正义》对伪孔《传》所作的疏。王肃（195—256）：字子雍，东海郡郯（今山东郯城）人。三国魏儒家学者，著名经学家。曾遍注群经，时称"王学"，并编撰《孔子家语》等书。

⑦东夷：古代对我国中原以东各族的统称。

⑧球：美玉。

⑨医无闾：医巫闾山，古称於微闾、无虑山，按，《周礼·职方》称："东北曰幽州，其山镇曰医无闾。"今称闾山，在辽宁境内，为国家级自然保护区。

⑩督师：监军，统兵作战。

【译文】

夷玉：又叫璧流离，制作与璇玑一样。

这个环的玉是金黄色，透明如琥珀，不会如拾芥子那样轻易得到，是人世间难以见到的宝贝。制作也奇特古朴，在环边凸凹不平的地方，埋藏中土浸的斑点还存在，绝不是夏商周三代以后的器物。这是古代的珣玗琪吗？按《周书·顾命》"大玉、夷玉"下孔颖达《疏》引王肃的话说："夷玉，东夷的美玉。"郑玄说："大玉，华山的美玉。夷玉，东北的珣玗琪。"《尔雅·释地》中说："东方的美石，有医无闾的珣玗琪。"郭璞《注》说："医无闾是山名，在今辽河以东。珣玗琪是玉的一种。"《说文解字》"珣"下云："医无闾山的珣玗琪，是《周书》所说的夷玉。一说是玉器，读作'宣'。"大澂先前赴吉林督军时，路经奉天省锦州市的广宁县，曾经得到医无闾山所产的玉，雕琢成玉佩，大小不过一寸多。没有见过大的，俗名锦州石，人们不把它看得很贵重。这个环的玉质与锦州石相近似，只是有古物与新制的区别，在土中埋藏已久，色彩光泽与平常的玉石大不相同了。

或曰，此古之璧流离也。《说文》："琊，石之有光者，璧琊也①。出西胡中②。"段《注》云："璧琊，即璧流离也。"《地理志》曰③："入海市明珠、璧流离④。"《西域传》曰⑤："罽宾国出璧流离⑥。"汉武梁祠堂画石有璧流离⑦，题曰："王者不隐过则至⑧。"吴《国山碑纪》⑨："符瑞亦有璧流离⑩。"《魏略》云⑪："大秦国出赤、白、黑、黄、青、绿、缥、绀、红、紫十种流离⑫。"师古曰⑬："此盖自然之物，采泽光润，逾于众玉，其色不恒⑭。"今俗所用，皆销冶石汁，加以众药灌而为之⑮，尤虚脆不贞⑯。实是璧温润而有光彩，其即大秦国所出之黄流离欤？段氏云："'璧流离'三字为名，胡语也⑰，犹'珣玗琪'之为夷语⑱。今人省言之曰'流离'，改其字为'瑠璃'，古人省言之曰'璧琊'。"今日中国所罕见者，即西域亦非恒有之物，故汉时以为祥瑞也。此亦可备一说，以俟博物君子考正焉⑲。

【注释】

①璧琉（liǔ）：琉璃的古称。琉，有光的美石。

②西胡：古代对葱岭内外西域各族的泛称。匈奴居中，称胡或北胡；乌桓、鲜卑在匈奴东，称东胡；西域各族在匈奴西，称西胡。

③《地理志》：指《汉书·地理志》。

④海：古人认为陆地四周

碧琉璃杯　东汉

皆为海，故用以指僻远地区。《尔雅·释地》："九夷、八狄、七戎、六蛮谓之四海。"市：购买。明珠：光泽晶莹的珍珠。

⑤《西域传》：指《汉书·西域传》。

⑥罽（jì）宾国：西域古国名。又称凛宾国、劫宾国、羯宾国。位于印度北部今喀什米尔一带。

⑦汉武梁祠堂画石：指山东嘉祥武翟山（旧称紫云山）下东汉武氏家族墓葬和祠堂的画像石刻。其中以武梁祠堂的石刻最早，故名。

⑧王者不隐过则至：这是武梁祠汉画璧流离石刻的题榜，意思说璧流离是祥瑞之物，难得一见，只有君王能够公开承认自己的过失时才会出现。

⑨国山碑：在今江苏宜兴张渚镇国山西麓。国山原称离墨山，三国吴天玺元年（276）此处地震后突现十余丈长的石室，并有大石自立。吴主孙皓以为瑞祥之兆，遣大司空董朝来此封禅，并刻石立碑为记。

⑩符瑞：吉祥的征兆。出自《管子·水地》："是以人主贵之，藏以为宝，剖以为符

瑞。"多指帝王受命的征兆。

⑪《魏略》：共五十卷。三国魏郎中鱼豢撰，为三国魏时人写的史书。鱼豢，长鱼氏，京兆（今陕西西安）人。三国魏著名史学家。

⑫大秦国：古国名，又名犛靬、犁鞬、海西等。《汉书·西域传·大秦》曰："其人民皆长大平正，有类中国，故谓之大秦。"即古罗马帝国。

⑬师古：即颜师古（581—645），名籀，以字行。琅琊临沂（今山东临沂）人。唐初儒家学者，经学家、语言文字学家、历史学家。著有《汉书注》及《匡谬正俗》等。

⑭不恒：不寻常，或不固定、有变化。

⑮灌：浇铸。

⑯贞：坚硬，坚劲。

⑰胡语：泛称中国古代西北和北方各族的语言。晋法显《佛国记》："从此西行所经诸国，类皆如是，惟国国胡语不同。"

龙凤纹琉璃璧　唐代

⑱夷语：泛指中国古代东部各族的语言。

⑲俟：等待。博物：通晓众物。

【译文】

有人说，这是古代的璧流离。《说文解字》说："珋，是石头中有光的，就是璧琉璃。出自西域。"段玉裁《说文解字注》说："璧珋，就是璧流离。"《汉书·地理志》说："出海外购买明珠、璧流离。"《汉书·西域传》说："罽宾国出产璧流离。"汉代武梁祠堂画像石有璧流离，题曰"君王不隐饰自己的过错就会出现"。吴《国山碑纪》说："符瑞也有璧流离。"《魏略》载："大秦国出赤、白、黑、黄、青、绿、缥、绀、红、紫十种琉璃。"颜师古说："这是天然生成之物，色彩光亮润泽，超过众多的玉石，它的颜色非同寻常。"现在一般人所用的，都是销毁后溶入石汁，加上多种药物浇铸而成的，特别松脆，不坚实。这块璧玉色温和柔润而有光彩，它就是大秦国所出产的黄流离吗？段玉裁说："'璧流离'三个字作为名称，是胡语的说法，就像'珣玗琪'是夷语的称呼一样。现在的人简称为'流离'，把它的字改为'瑠璃'，古代的人简称'璧珋'。"当今中国所少见的，即使西域也不是常见之物，所以汉代以为吉祥的征兆。这个也可以算一种说法，以等待通晓众物的先生考察核实。

【点评】

以上说夷玉，这是一则因夷玉之环而引经据典，考证夷玉的古称为"珣玗琪"，出产地为我国古代的辽东地区，古属东夷，所以后又称为夷玉。作者督师辽东，经过今辽宁锦州时，曾经得到一块夷玉，做成佩饰，不过一寸多，没有大的，世人也不太看重。也有人说这是古代所说的"璧流离"，即后文所称"碧琉璃"，也就是《说文解字》所称的"珋"，产自西域或海外，以其不常见，所以古代曾看作吉祥之物。其实不过天然之石，色彩光泽有过于普通的玉石而已。当时有不少造假的夷玉，但这一件是真品。而"璧流离"为胡语，"珣玗琪"却是夷语，是否两地均产此玉？还是只有其中一说是正确的？作者只是据有关资料、有所分析地提出了问题，并未敢下定论，是严肃认真实事求是的态度。注译者更无考证，也只好留待读者自己去索解了。

琮

大琮：青玉，满身黑文，水银浸。（图52）

大琮：玉色纯黑。（图53）

《考工记·玉人》云："大琮，十有二寸，射四寸，厚寸，是谓内镇①，宗后守之②。"郑《注》云："如王之镇圭也。"右琮二器，大澂得自都门③，为三十二琮之冠。其一朴素无文，与镇圭第一器尺寸同；其一有驵刻者，与镇圭第二器尺寸同，皆十有二寸之大琮。盖时代有先后，制器之尺稍有出入耳。按璋与琮皆有射。康成于"大璋、中璋、边璋之射"《注》云："射，琰出者也。"于"大琮之射"《注》云："射，其外锄牙。"大澂以为璋之制，以刻上者为射。琮之制，以口圜者为射。今度是器，口径四寸，自口至肩一寸，以证《玉人》"射四寸，厚寸"之文，若合符节④。戴氏《考工记图》绘作四方八角⑤，惜未见大琮、驵琮之真器也。

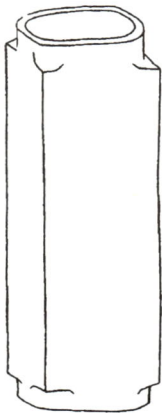
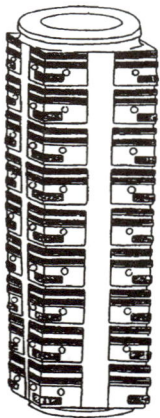

图52　　　　图53

【注释】

①内镇：古代王后所持象征权位的瑞玉。

②宗后：王后。

③都门：借指京都。

④符节：古代符信之一种。以金玉竹木等制成，上刻文字，分为两半，使用时以两半相合为验。《周礼·地官司徒·掌节》："门关用符节，货贿用玺节，道路用旌节，皆有期以反节。"

⑤戴氏《考工记图》：二卷，清戴震（1724—1777）撰，故称。本书对《考工记》中的宫室、车

①玉琮

　　商代中期　河南省新郑县研究所藏

②玉琮

　　良渚文化　南京博物院藏

③玉琮

　　新石器时代　中国历史博物馆藏

舆、兵器、礼乐等，分别列图说明，对文物、制度、字义等加以考证，是研究先秦文物制度的重要参考书。

【译文】

　　大琮：青色玉，全身黑色纹，有水银浸渍的痕迹。

　　大琮：玉色纯黑。

　　《考工记·玉人》载："大琮长一尺二寸，牙状的射占四寸，厚一寸，是王后所持象征权位的瑞玉，由王后所持有。"郑玄《注》："像天子的镇圭。"上面两个琮，大澂得自京城，为三十二琮中最好的。其中一个朴素无文，与镇圭的第一个圭尺寸相同；其中一个是有雕刻作锯牙状的，与镇圭的第二个圭尺寸相同，都是长一尺二寸的大琮。应是制作的时代有先后，制造器物的尺寸稍过或不及而已。按璋与琮都有射。郑玄对"大璋、中璋、边璋之射"注释为"射，琰出者也。"对"大琮之射"注释为："射，其外缘如锯齿。"大澂以为璋的式样，以上部削尖的部分为射。琮的式样，以口圆的部分为射。现在测量这个琮，圆口直径四寸，自口至肩的长度是一寸，以此证明《考工记·玉人》"射四寸，厚寸"之文，甚相符合。戴震《考工记图》中画作四方八角形，可惜没有见过大琮、驵琮的真实器物啊。

　　黄琮一（图54）

　　黄琮二（图55）

　　今世所传古玉钉头，其大者皆琮也。《说文》："琮，瑞玉。大八寸，似车钉。"嘉定钱氏《说文斠诠》云[①]："今俗犹称黄琮玉为钉头是也[②]。"许书别出"珇"字云："琮玉之琢[③]。"《周礼·典瑞》、《考工记》皆作"驵"。郑司农云："驵，外有

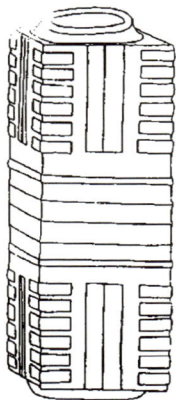
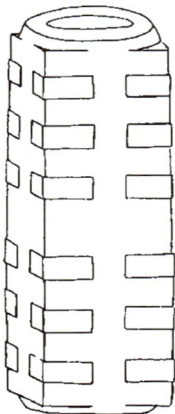

图54　　　　　图55

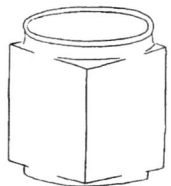
图56

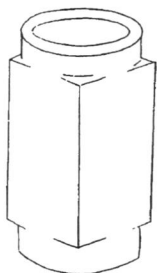
图57

图58

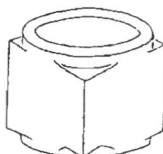
图59

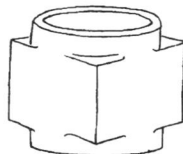
图60

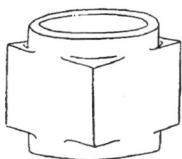
图61

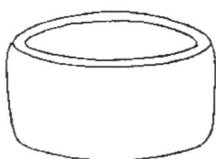
图62

图63

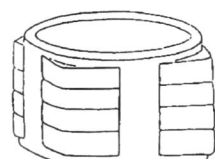
图64

图65

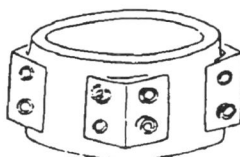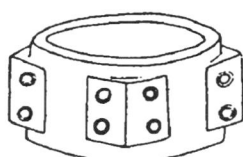
图66

图67

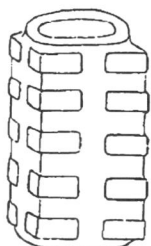
图68

图69

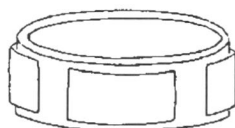
图70

捷庐也④。"贾《疏》云:"捷庐,若锯牙然。"后郑云:"'驵'读作'组',以组系之因名焉。"余所藏古琮,外有刻琢⑤,棱棱如锯齿。其刻画深处可以系组,与先后郑《注》皆合,即《玉人》组琮之制。贾《疏》谓先后郑异说,非也。《白虎通·瑞贽》引《礼》云⑥:"圆中牙外曰琮。"《周礼·大宗伯》"以黄琮礼地"《注》:"琮八方,象地。"今琮皆四方而刻文,每面分而为二,皆左右并列,与八方之说亦合。

黄琮三:黄玉,璊斑,古厚如漆。(图56)

黄琮四:黄玉,满身璊斑。(图57)

黄琮五:黄玉,有璊斑。张霅樵水部恩钊所藏。(图58)

黄琮六:黄玉,微带璊斑。(图59)

黄琮七:黄玉,满身璊斑。(图60)

黄琮八:黄玉,有璊斑。(图61)

黄琮:黄玉,上下边皆有璊斑,内外俱圜,与琮之常制不同,亦犹觚之变⑦。觚为圜歟?(图62)

组琮一:白质黑章。(图63)

组琮二:白质黑章。(图64)

组琮三:白玉,五色斑,制作至精。(图65)

组琮四:黄玉,白晕。(图66)

组琮五:白玉,青赤斑,曾经地火者⑧。(图67)

组琮六:灰黄色,带土斑。(图68)

组琮七:青玉,璊斑,带水银浸。(图69)

组琮八:青玉,带土斑。(图70)

组琮九:黄玉,水银浸。(图71)

组琮十:青玉,带黑色,间有白点。(图72)

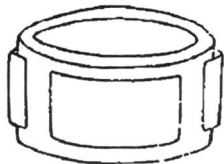

图71

图72

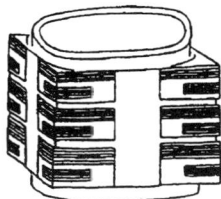

图73

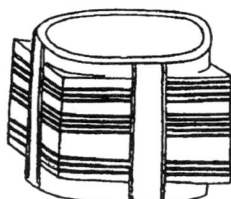

图74

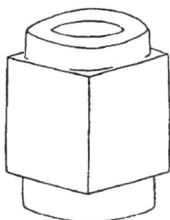

图75

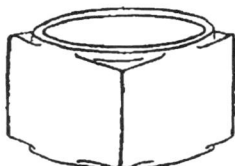

图76

图77

图78

图79

图80

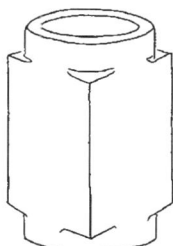

图81

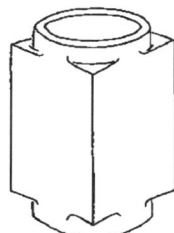

图82

组琮十一：黄玉，璊斑。（图73）

组琮十二：白玉，璊斑。（图73）

琮一：青玉，黑斑。（图75）

琮二：白玉，水银浸，有土斑。（图76）

琮三：青白玉，水银浸。（图77）

琮四：青白玉，水银浸。（图78）

琮五：青玉，红白晕。（图79）

琮六：青玉，璊斑，水银浸。（图80）

琮七：青玉，黑晕。（图81）

琮八：白玉，五色斑。（图82）

玉琮
商代晚期　江西省博物馆藏

【注释】

①钱氏《说文斠诠》：即《说文解字斠诠》，十四卷。清钱坫（1741—1806）撰。钱坫，字献之，号十兰，又号篆秋。嘉定（今上海嘉定）人。乾隆三十九年（1774）副榜贡生，官乾州州判。对地理和文字学钻研颇深，善篆书。另著有《新斠注地理志》、《史记补注》、《汉书十表注》等。

②釭（gāng）：灯。

③瑑：玉器上雕刻的凸起的花纹。

④捷庐：见下句所说，如锯牙之状。

⑤刻瑑：雕饰凸起的花纹。

⑥《白虎通·瑞贽》：《白虎通》，又名《白虎通义》、《白虎通德论》。十卷。东汉班固等人根据东汉建初四年（79）经学辩论的内容撰集而成。《瑞贽》是其中的一篇，讲礼物之吉凶瑞祥。

⑦觚（gū）：古代酒器。

⑧地火：地下的火。

玉琮
良渚文化　上海市文物管理委员会藏

【译文】

黄琮一

黄琮二

如今世间所流传的古玉钉头，其中大的都是琮。《说文解字》："琮，瑞玉。大约长八寸，像车钉。"嘉定钱坫《说文解字斠诠》说："如今习惯上还称黄琮玉为钉头。"就是这种情况。许慎《说文解字》另外出"珇"字说："琮玉上凸起的花纹。"《周礼·典瑞》、《考工记》皆作"驵"。郑众说："驵，外有捷卢。"贾公彦《疏》说："捷卢好像锯牙。"郑玄说："'驵'读作'组'，用丝带系在一起，因此得名。"大澂所收藏的古琮外部有雕饰的花纹锐立如锯齿状，其刻画深的地方可以用丝带系缚，与郑众、郑玄的解释都相符合，即《考工记·玉人》"组琮"的制式。贾公彦《疏》说郑众、郑玄说法不同，是不对的。《白虎通·瑞贽》引《礼记》说："中间圆外缘如锯牙的叫做琮。"《周礼·春官宗伯》："用黄琮祭祀地神。"《注》："琮有八个方向如地之象。"现在的这个琮都是四面而刻有文字，每面又分而为二，都是左右并列，与琮有八个方向的说法也相符合。

黄琮三：黄色玉，红色斑纹，古厚如漆。

黄琮四：黄色玉，全身红色斑纹。

黄琮五：黄色玉，有红色斑纹。张霣樏水部恩钊所藏。

黄琮六：黄色玉，稍微有点红色斑纹。

黄琮七：黄色玉，全身红色斑纹。

黄琮八：黄色玉，有红色斑纹。

黄琮：黄色玉，上下边缘都有红色斑纹，内外都圆，与琮的常见形制不同，也好像是觚的变化。觚是圆的吧。

组琮一：白色质地，黑色花纹。

玉琮
良渚文化　浙江省文物考古研究所藏

组琮二：白色质地，黑色花纹。

组琮三：白色玉，五色斑纹，制作很精致。

组琮四：黄色玉，白色光影。

组琮五：白色玉，青红色斑纹，曾经被地下的火烧过。

组琮六：灰黄色，带有被土埋浸渍的斑纹。

组琮七：青色玉，红色斑纹，带有被水银浸渍的痕迹。

组琮八：青色玉，带有被土埋浸渍的斑纹。

组琮九：黄色玉，有被水银浸渍的痕迹。

组琮十：青色玉，带黑色，间有白点。

组琮十一：黄色玉，红色斑纹。

组琮十二：白色玉，红色斑纹。

琮一：青色玉，黑色斑纹。

琮二：白色玉，有水银浸渍痕迹，带土色斑纹。

琮三：白而发青的玉，有水银浸渍痕迹。

琮四：白而发青的玉，有水银浸渍的痕迹。

琮五：青色玉，红白光影。

琮六：青色玉，红色斑纹，有水银浸渍的痕迹。

琮七：青色玉，黑色光影。

琮八：白色玉，五色斑纹。

【点评】

以上说玉琮，玉琮是一种外方内圆的柱状管形玉器，外部常刻神兽或几何纹饰，在古代主要作为祭祀土地的礼器，也作为随葬品，是墓主人身份等级的标志。

玉琮在新石器时代已经出现，最早的玉琮见于安徽潜山薛家岗第三期文化，距今约五千一百年。1987年浙江杭州余杭反山遗址出土的神人兽面纹玉琮，高10厘米，射径8.4厘米，孔径仅4.9厘米，重达6.5公斤，为迄今所见良渚文化玉器中最大的玉琮，被称为"琮王"。

另外本文原说有三十二琮，实际图说只有三十一琮，不知是什么原因。

琥

琥一①：白玉，满身土斑，关中出土。（图83）

《说文》："琥，发兵瑞玉，为虎文②。"《春秋传》曰"赐子家子双琥"是③。郑注《周礼》："琥猛象秋严④。"

古玉图考

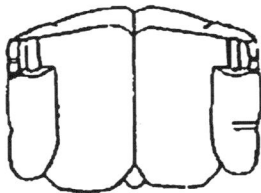

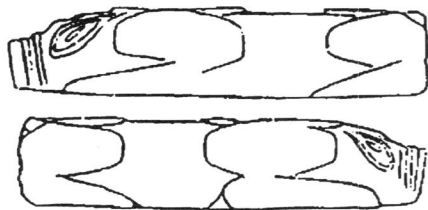

图83

图84

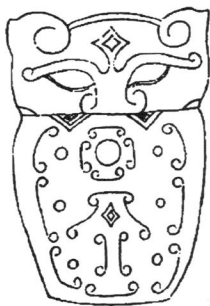

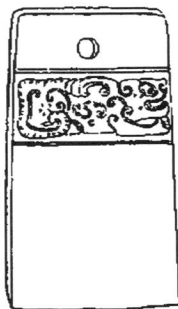

图85

图86

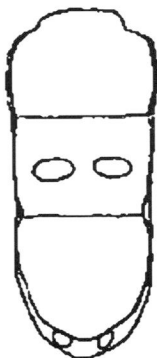

图87

琥二：白玉，满身璃斑，虎尾稍损。（图84）

是琥制作古朴，疑即《周礼》"山国用虎节"之节⑤，汉虎符形制或即仿此。

琥三：白玉，黄晕。刘毅吉观察所藏。（图85）

琥四：白玉。（图86）

琥五：山元玉。（图87）

【注释】

①琥：瑞玉，古代一种形似老虎的礼器。

②虎文：虎纹。

③《春秋传》：此指《春秋左氏传》。子家子：姬姓，东门氏，名归父，字子家。春秋时鲁国执政大臣，鲁庄公之孙，故亦称公孙归父，东门襄仲之子。

④秋严：谓秋气肃杀。

⑤山国：多山的国家或地区。《周礼·地官司徒·掌节》："凡邦国之使节，山国用虎节，土国用人节，泽国用龙节，皆金也。"虎节：周代出使山地之国所持的符节，如虎形，故称。

玉虎
商代晚期　中国社会科学院考古研究所藏

【译文】

琥一：白色玉，全身土斑，关中出土。

《说文解字》："琥，发兵的玉制信物，为虎纹。"《春秋左氏传》载"赐予子家两个形似老虎的瑞玉"即是。郑玄注《周礼》说："琥的威猛如秋气肃杀之象。"

琥二：白色玉，全身红色斑纹，虎尾部稍稍损坏。

这个琥制作质朴而有古风，怀疑就是《周礼》记载山国使者出行时所持的符节，汉代虎符的形制也许就是仿此物制造的。

琥三：白色玉，黄色光影。刘毅吉观察所收藏。

琥四：白色玉。

琥五：山玄玉。

【点评】

以上说玉琥，玉琥位于六种瑞玉之末。《周礼·春官宗伯》："以玉作六器，以礼天地四方：以苍璧礼天，以黄琮礼地，以青圭礼东方，以赤璋礼南方，以白琥礼西方，以玄璜礼北方。"可知白琥为六玉之一，专用于西方之事。西方即戎方，戎即战争，从而作为"礼西方"的"白琥"与其他五玉不同，实际起到发兵印信也就是虎符的作用。但也不尽如此，1976年河南安阳殷墟妇好墓出土的圆雕和浮雕玉琥各有四件，都有孔，称为虎形玉佩，就属于装饰品，还很可能是用于女性的装饰，而不属于礼器。因此有人认为，表面刻虎纹的玉器应依器命名，前加"虎纹"二字。对于虎形玉器，有孔的可称虎形玉佩，无孔的则可称之为玉琥。

璜

璜：白玉，上边有黑斑，二寸许。（图88）

《周礼》"六瑞"传世者，惟璜最少。是玉向藏济宁故家[①]。徐君翰卿访购得之②，以归于余。按《周礼·大宗伯》"以元璜礼北方"③，《注》："半璧曰璜，象冬闭藏④。"《礼记·明堂位》"大璜"《注》："古者伐国⑤，迁其重器⑥，以分同姓。大璜，夏后氏之璜⑦。"《春秋传》曰："分鲁公以夏后氏之璜⑧。"大澂以为大璜乃礼神之玉，与佩璜不同⑨。

　　璜：玉色纯白，有璃斑。（图89）

图88

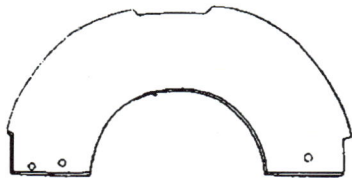

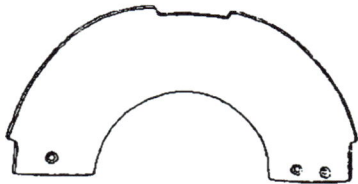

图89

图90

图91

璜

制与它璜略异，左右三孔，未知何用。然以大小度之，必非佩璜也。

璜：白玉，黄晕。（图90）

右璜，象鱼形，中有横孔，可以系组。鱼口、鱼尾亦皆有孔，制作古雅，其为周玉无疑。按《竹书纪年》注[10]："吕望答文王曰[11]：'望钓得玉璜[12]。其文曰：姬受命，昌来提，撰尔洛钤报在齐[13]。'"似玉鱼之制[14]，即用太公钓璜事[15]。其文则后人附会之作。

璜：白玉，水银浸。（图91）

【注释】

①故家：老辈做官的人家。

②徐君翰卿：疑即徐熙，字翰卿，号斗庐子。浙江绍兴人。活动于清代咸丰、同治年间。精鉴别，工篆刻。同治九年（1870），刻有"鹤庐"印。

③元璜：即"玄璜"。用黑玉制作的半圆形瑞玉。元，即"玄"。清代避康熙皇帝名（玄烨）讳，以"元"代"玄"。书中"山元玉"之"元"同此。

④半璧曰璜，象冬闭藏：璧圆象天。璜是璧的一半，象征冬天万物闭塞掩藏，如只能

玉半璧形璜

西汉中期　湖南省长沙市博物馆藏

看到半个天。

⑤伐国：征讨别的国家。

⑥重器：指国家的宝器。《孟子·梁惠王下》："毁其宗庙，迁其重器。"

⑦夏后氏：亦称"夏氏"、"夏后"，指禹传位其子启所建立的夏王朝。

⑧鲁公：西周初周公分封于鲁，其子伯禽赴任袭位为鲁公。

⑨佩璜：半璧形的玉佩。

⑩《竹书纪年》：又名《汲冢

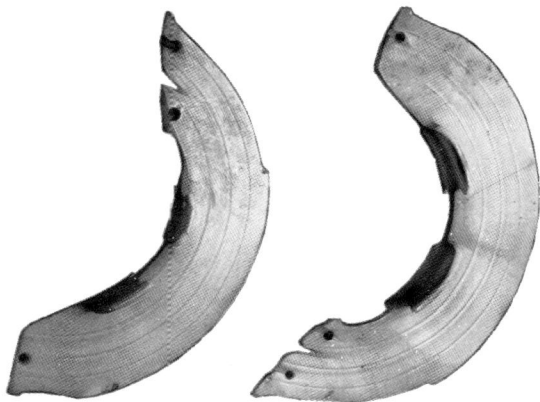

玉鱼形璜
西周　中国社会科学院考古研究所藏

竹书》、《汲冢纪年》、《竹书》、《纪年》等，是战国时魏国的史官所作编年体史书。晋太康二年（281）在汲郡（今河南汲县）的魏安釐王（一说魏襄王）墓中出土大批竹简漆书，据载共约17种75篇，《竹书纪年》13篇亦在其列。书名是当时整理竹简漆书的荀勖等人定的。荀勖、和峤、束皙等曾为本书作有释文。

⑪吕望：即姜子牙，又称师尚父、太公望，俗称姜太公。因其祖上封于吕（今河南南阳），故氏吕。助周武王灭商，武王立国后，封吕尚于齐，称齐太公。有《六韬》又称《太公六韬》、《太公兵法》传世。文王：即周文王（前1152—前1056），又称周侯。姬姓，名昌。生于西岐（今陕西岐山）。

⑫玉璜：半圆形的璧。

⑬姬受命，昌来提，撰尔洛钤报在齐：谶言，大意是说，姬昌受命于天，拿你的印信封我在齐国。

⑭玉鱼之制：刻玉为鱼，是一种珍玩和佩饰。

⑮太公钓璜：喻指交上好运和受器重的征兆。《宋书·符瑞志上》："王至于磻溪之水，吕尚钓于涯，王下趋拜曰：'望公七年，乃今见光景于斯。'尚立变名答曰：'望钓得玉璜，其文要曰："姬受命，昌来提，撰尔洛钤报在齐。"尚出游，见赤人自洛出，授尚书曰："命曰吕，佐昌者子。"'"大意说周文王到了磻溪水边，见吕尚在岸边垂钓，就上前拜见，说找他找了七年，至今才见。吕尚则回答说："我钓鱼钓到玉璜，上面有文说姬昌将受天命为天子，拿你的官印封我在齐国以为报答。"后来吕尚果然受到周文王的重用，并辅佐周武王推翻殷商，统一天下，被封为齐侯。

【译文】

璜：白色玉，上边有大约二寸长的黑色斑纹。

《周礼》"六瑞"留存到现在的，只有璜最为稀少。这件玉璜一直藏在济宁一老辈做官的人家。徐翰卿打听得知，买了送给我。据《周礼·春官宗伯·大宗伯》"用玄璜祭祀北方之神"《注》："璜是璧的一半，象征冬天万物闭塞掩藏。"《礼记·明堂位》"大璜"《注》："古代征伐别国，搬迁该国的宝器，以分发给同一姓的人。大璜，夏朝的璜。"《春秋左氏传》载："把夏朝的璜分发给鲁公。"大澂认为大璜是祭祀神灵的玉，与作为佩饰的玉璜不是一种玉器。

璜：玉色纯白，有红色斑纹。

形制与其他的璜稍有不同，左右三个孔，不知道有什么用处。但从大小看，肯定不是作佩饰的玉璜。

璜：白色玉，黄色光影。

以上的璜象鱼的形状，中间有横孔，可以系缚。鱼的口部和尾部也都有孔，制作古朴雅致，无疑是周代的玉器。按《竹书纪年》注："姜太公回答周文王说：'我钓得玉璜，上面有文字说："姬受命，昌来提，撰尔洛钤报在齐。"'"似乎刻玉为鱼的形制，就是用姜太公钓玉璜的故事，上面的文字则是后来人们编造的。

璜：白色玉，有水银浸渍的痕迹。

玉璜

春秋晚期　山西省考古研究所藏

玉璜

西汉后期　江苏省扬州博物馆藏

【点评】

　　以上说玉璜，玉璜是我国最古老的玉器形制之一，早在距今7000年的新石器早期浙江余姚河姆渡文化中就已经有了。《周礼》说"半璧为璜"，但考古发现表明，上古的璜除了都具有弯弧形之外，并不都是半璧，较多小于璧的一半，或只有三分之一璧的样子。而且璜多出土于墓葬，在墓主人的颈下或胸腹部，加以其弯弧的内端还常有饰孔饰雕，所以璜的一大用途可能是用于佩带，是王公贵族组玉佩饰中的佩件，故有"佩璜"之称。

　　但在《周礼》，璜主要是作为"六瑞"之一，"以玄璜礼北方"。玄璜即黑色的璜，以象北方之色。北方主秋，所以玄璜就有了象征秋收冬藏的意义。至于玉璜的造型如鱼，则可能是受上古渔民生活影响的痕迹。因此衍生出"太公钓璜"的典故，传说商朝末年，姜太公于渭水河畔直钩垂钓，愿者上钩。有一天，钓了一条赤鲤，剖开鱼腹发现竟然有一个玉璜，上面刻着九个篆字："姬受命吕佐之报于齐。"意思说周文王受天之命请姜吕佐辅，功成后，封齐地报答太公。后来太公果然佐周灭商，封于齐地。

总之，玉璜是上古用玉的重要产物，其形制为弯弧或仿半璧，而雕饰为鱼状则可能与先民的渔猎生活形成的审美需求有关。至于其进入太公佐周灭商的历史传说和后来成为《周礼》"六瑞"之一，则是权力无所不至的结果，与玉璜本来的用途没有多少关系。

玉敦

玉敦[①]：图小，于器十分之六。玉色纯赤，上口、四周皆带土晕。刻文至精，与商周尊彝同。（图92）

《周礼·玉府》："若合诸侯[②]，则共珠槃、玉敦[③]。"司农《注》："玉敦，歃血玉器[④]。"《戎右》："盟，则以玉敦辟盟[⑤]。"司农《注》："敦，器名也。"今世所传商周彝器，敦与鼎最多，而玉敦则仅见。盖铜敦为祭器[⑥]，玉敦为盟器。贾《疏》谓槃、敦以木为之[⑦]，将珠玉为饰，此臆度之辞耳。

玉敦：图小，于器十分之七。玉色纯白，如象牙。此陕西凤翔出土器。（图93）

玉敦：白玉，足有黄晕，内外皆带土斑，亦三代宝器也。（图94）

【注释】

①玉敦：周代诸侯盟誓仪式中所用的器皿。《周礼·天官冢宰·玉府》："合诸侯则共珠槃、玉敦。"郑玄《注》："玉敦，歃血玉器。"以盛诸侯盟誓仪式中所用的牲血。

②合诸侯：会合诸侯，设誓订盟，战国时霸主地位的标志。

③共：同"供"，供奉，供给。珠槃：饰以珍珠的盘子，周代诸侯歃血盟誓的用具。

《周礼·天官冢宰·玉府》:"合诸侯则共珠
槃、玉敦。"郑玄《注》:"敦,槃类,珠玉以为
饰。古者以槃盛血,以敦盛食。合诸侯者,必割
牛耳,取其血,歃之以盟。珠槃以盛牛耳,尸盟
者执之。"槃,古代盥洗用的木盘,泛指盘子。

④歃(shà)血:古代会盟仪式中的一个环
节,即在盟约宣读之后,盟誓者用口微吸所杀牲
之血,以示诚意。此指结盟。

⑤《戎右》:"盟,则以玉敦辟盟":戎右,
周代官名,战场上与盟会时天子的贴身卫士与
勤务。《周礼·夏官司马·戎右》:"戎右掌戎车
之兵革使,诏赞王鼓,传王命于陈中;会同充革
车,盟则以玉敦辟盟,遂役之,赞牛耳、桃茢。"
《疏》:"戎右者,与君同车,在车之右,执戈
盾,备制非常,并充兵中使役。"辟盟:即会盟
仪式中歃血而誓的开始。辟,打开玉敦的盖,表
示盟誓仪式开始。盟,会盟。孙诒让《周礼正
义》:"敦有盖,歃血者,必先开其盖而后盟,
是为辟盟。"

⑥铜敦:青铜铸造的敦。

⑦槃、敦:即珠槃和玉敦。

图92

图93

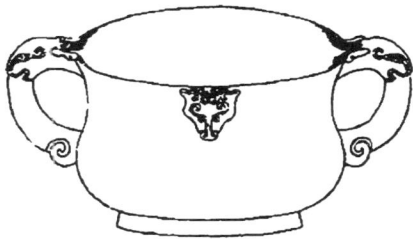
图94

【译文】

玉敦:绘图小,是实际器物的十分之六。玉
色纯红,器物上口、四周都带土色光影。刻在器

物上的文字极其精致，与商周尊彝相同。

《周礼·玉府》："如果联合诸侯订立盟约，就要供给所需要的珠槃、玉敦。"郑众《注》说："玉敦，结盟时歃血用的玉器。"《戎右》说："盟誓时先打开玉敦的盖，而后盟誓。"郑众《注》说："敦，器物的名字。"现在世上所流传商代和周代的礼器，以敦与鼎最多，而玉敦很少见。大概铜敦为祭祀用的器具，玉敦为结盟用的器具。贾公彦《疏》说珠槃、玉敦是木做的，用珠玉作为装饰，这是凭主观猜测罢了。

玉敦：绘图小，是实际器物的十分之七。玉色纯白，如同象牙。这是陕西凤翔出土的器物。

玉敦：白色玉，底足有黄色光影，里外皆带土色斑纹，也是夏、商、周三代珍贵的器物。

【点评】

以上介绍玉敦。战国前普通的敦多为陶制，三短足，有盖，上下合成圆球状，用为盛黍稷的容器。以玉为敦就成了天子诸侯会盟时的礼器，以盛牲血，供盟誓之用。此节据《周礼·天官冢宰·玉府》和《夏官司马·戎右》介绍了玉敦的这一作用，并有两点发明：一是与铜敦比较，作出了"铜敦为祭器，玉敦为盟器"的判断；二是据实物纠正了贾公彦《疏》以珠槃、玉敦为木制品的说法。但是，作者没有提到陶敦，可能是没有见到，更可能是由于陶敦只是上古生活用器，鲜见进入经典。但因此使有关玉敦的介绍缺了一项重要的比较，也未能追本溯源，因此在这里稍一提及。

玉斝

玉斝：白玉，璊斑。（图95）

瑶爵[①]，见《周礼·内宰》。玉豆、玉盏、璧散、璧角[②]，见《礼记·明堂位》。是三代祭器，有以玉为之者。余所得玉斝，玉质古朴，土色斑斓[③]，制作之精，与铜觯无二④，即周之璧角也。《说文》：
"觯，乡饮酒角也⑤。《礼》曰：'一人洗，举觯。'⑥
觯受四升。从角，单声。"是角与觯为一物。故许书
"角"字下不言角受四升，而《内宰》贾《疏》云：
"角受四升。"即本许书"觯"下文也。古之天子，
菲饮食而致孝乎鬼神⑦。燕享不用玉⑧，而裸献用
玉⑨，不得谓之侈。《内宰》："后裸献，则赞⑩。"
瑶爵，郑《注》："其爵以瑶为饰。"贾《疏》云：
"《明堂位》：'爵用玉盏，仍雕⑪。加⑫，以璧散、璧
角。'"食后称加，彼鲁用王礼⑬，即知王酳尸亦用
玉盏⑭，后酳尸用璧角，宾长酳尸用璧散⑮。彼云璧，

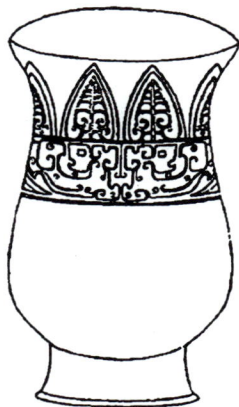

图95

此云瑶，不同者，瑶，玉名，瑶玉为璧形，饰角口则曰璧角。大澂以为角
口不可饰玉，爵亦无瑶饰者，不谓汉唐诸儒未见之璧角、璧散，而今得见
之，不可谓非宝也。

【注释】

①瑶爵：以瑶饰口之爵。瑶，石之美者。祭宗庙时，王用玉爵，王后用瑶爵，献酒于
尸。飨燕时则王后以瑶爵献酒给宾客，故亦以瑶爵代指王后献酒之事。《周礼·天官冢
宰·内宰》："大祭祀，后裸献则赞，瑶爵亦如之。"郑玄《注》："瑶爵，谓尸卒食，王既酳
尸，后亚献之。其爵以瑶为饰。"《内宰》又云："凡宾客之裸献、瑶爵皆赞。"郑玄《注》：
"瑶爵，所以亚王酬宾也。"

②玉豆：玉饰的豆，礼器之一。豆，古代盛食物的器具。《礼记·明堂位》："荐用玉
豆雕篹，爵用玉盏。"孔颖达《疏》："以玉饰豆，故曰玉豆。"玉盏：玉饰的酒杯。《礼
记·明堂位》："爵用玉盏，仍雕。"孔颖达《疏》："盏，夏后氏之爵名也。以玉饰之，故曰

玉盏。”

③土色：适当加黄的褐色，比烟草色淡些。斑斓：色彩错杂灿烂的样子。

④铜觯（zhì）：古代饮酒器。器型似尊而小，圆腹、侈口、圈足，大多数有盖。

⑤乡饮酒：即"乡饮酒礼"。周代乡学三年业成大比，考其德行道艺优异者，荐于诸侯。将行之时，由乡大夫设酒宴以宾礼相待，谓之"乡饮酒礼"。历朝沿用，亦指地方官按时在儒学举行的一种敬老仪式。《仪礼·乡饮酒礼》贾公彦《疏》引汉郑玄《三礼目录》："诸侯之乡大夫三年大比，献贤者、能者于其君，以宾礼待之，与之饮酒。于五礼属嘉礼。"角：古代酒器，青铜制，形似爵而无柱，两尾对称，有盖，用以温酒和盛酒。

⑥《礼》曰："一人洗，举觯"：《礼》，指《仪礼》。洗，洗酒爵。举觯，举觯而饮。

⑦菲饮食：饮食节俭。菲，薄，引申指节俭。

⑧燕享：古代帝王饮宴群臣、国宾。

⑨裸（guàn）献：古代帝王、王后祭祀时，以香酒灌地、以腥熟之食献神的礼仪。亦泛指裸礼。

⑩赞：辅佐，帮助。

⑪仍雕：依照玉盏之形施以雕饰。

⑫加：指主人以爵献尸后，主妇又以爵献尸，称为"加爵"。

⑬鲁用王礼：谓鲁国用周天子的礼仪。

⑭酳（yìn）尸：古祭礼，即献酒于代表被祭祀的尸。尸食毕，主人献酒使少饮或漱口。尸，代表受祭者的活人。《仪礼·特牲馈食礼》："主人洗角，升，酌酳尸。"郑玄《注》："酳，犹衍也，是献尸也。谓之酳者，尸既卒食又欲颐衍养乐之。"

⑮宾长：古代祭祀时辅佐贤宾的次等客人。《周礼·天官冢宰·酒正》："三曰清酒。"唐贾公彦《疏》："清酒祭祀之酒者，亦于祭祀之时，宾长献尸，尸酢宾长，不敢与王之臣共器尊，同酌齐。"

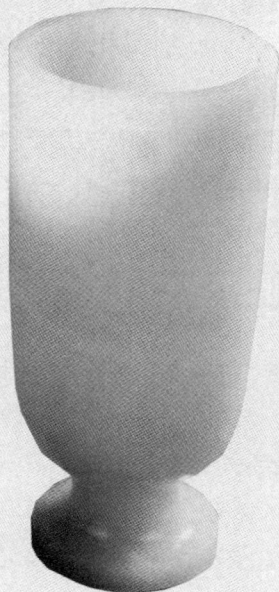

①金托玉爵
　　明　北京定陵博物馆藏
②金釦玉盏
　　隋　中国历史博物馆藏
③玉杯
　　三国（魏）　洛阳市文物工作队藏

【译文】

玉觯：白色玉，红色斑纹。

瑶爵，见于《周礼·内宰》。玉豆、玉盏、璧散、璧角，见于《礼记·明堂位》。是夏、商、周三代的祭祀器具，有用玉制作的。大澂所得到的玉觯，玉质古朴，土浸之色鲜明，制作之精，与铜觯没有两样，就是周代的璧角。《说文解字》："觯，乡饮酒礼所用的角。《仪礼》说：'一人洗酒爵，举觯而饮。'觯容纳四升。从角，单声。"就是说角与觯为同一器物。所以《说文解字》"角"字下不说角容纳四升，而《周礼·内宰》贾公彦《疏》说："角容纳四升。"就是《说文解字》"觯"下面的文字。古代的天子，自己吃粗劣之食而尽孝敬于鬼神。饮宴群臣时不用玉，而古代帝王、王后祭祀时用玉，不能说是奢侈。《周礼·内宰》："王后向尸进献香酒时，内宰应从旁协助。"瑶爵，郑玄《注》："用瑶为装饰的爵。"贾公彦《疏》："《礼记·明堂位》进酒时用雕饰的玉盏，再进酒时用璧玉装饰的散和角。"尸食后再进献称加爵，鲁国用天子的礼仪，就知道天子酳尸也用玉盏，王后酳尸用璧角，宾长酳尸用璧散。那里说璧，这里说瑶，不同的地方是瑶为玉名，瑶玉为璧的形状，饰于瑶爵的口沿就称作璧角。大澂认为爵的口沿不能装饰玉，爵也没有用瑶装饰的，没有想到汉唐众位学者没有见过的璧角、璧散，而今天能够见到，不能说不是宝贝。

【点评】

以上考证瑶爵，梳理《周礼》、《仪礼》、《礼记》等相关记载及后人注疏，据实物并加以自己的推断，对前人认为瑶爵乃"爵以瑶为饰"提出质疑。又就"鲁用王礼"推论周王献酒于尸的"酳尸"是用玉盏，而王后则用璧角，宾长用璧散，也是男女有别，等级分明。这些都可备一说，是进一步研究的有益参考。

玉散

玉散：白玉，璊斑。（图96）

是器大于觯，当即五升之散也。《仪礼·特牲馈食礼》记[1]："实二爵、二觚、四觯、一角、一散。"《注》："旧说云：爵一升，觚二升，觯三升，角四升，散五升。"《礼记·明堂位》："加以璧散、璧角。"《注》："散、角皆以璧饰其口也。"今得是器，知古有玉散、玉角矣。《仪礼·大射仪》"酌散"《注》："散，方壶之酒也[2]。"此散如觚有棱，其方壶之遗制欤？

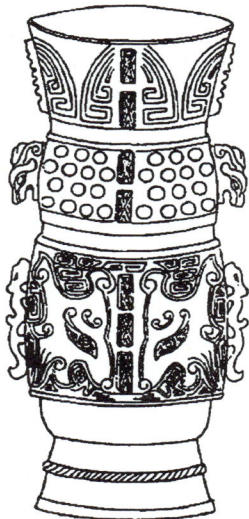

图96

【注释】

①《仪礼·特牲馈食礼》：《仪礼》篇名。特牲馈食之礼，士每年祭其祖先之礼，于五礼中属吉礼。特牲，祭礼或宾礼只用一种牲畜。

②方壶：腹圆口方的壶。古代礼器的一种。《仪礼·燕礼》："司宫尊于东楹之西，两方壶。"郑玄《注》："尊方壶，为卿大夫士也。"贾公彦《疏》："以其燕总有卿大夫士，又别有公尊瓦大两，故知方尊为此人也。"

【译文】

玉散：白色玉，红色斑纹。

这个器物比觯大，应当就是容纳五升的散。《仪礼·特牲馈食礼》记载："装满两只酒爵、两只酒觚、四只酒觯、一只角杯、一只散。"《注》："过去的说法是：爵容一升，觚容二升，觯容三升，角容四升，散容五升。"《礼记·明堂位》："再进酒时，用璧玉装饰的散和角。"

《注》："散、角都是用璧玉装饰口边的。"今天得到这个器物，就知道古时已有玉散和玉角。《仪礼·大射仪》"酌散"《注》："散，腹圆口方的壶盛的酒。"这个散像一样有棱，难道是方壶所遗传的造型吗？

【点评】

以上据实物就经书考论玉散，发现其所得玉散比觯大，当是能盛五升酒的，在各种酒器中属比较大的。而据《礼记》所载璧散与璧角，可知玉散与玉角一样，都是用璧饰口沿的酒器，早在上古就有了。只是作者所得玉散与诸书记载"腹圆口方"的造型稍异，所以怀疑是方壶之遗制。其实《周礼·春官宗伯·鬯人》"凡疈事用散"下郑玄《注》已说："无饰曰散。"又郑玄《三礼图》曰："散似觚，散受五升。"与作者所得玉散之"如觚有棱"，造型正相符合。

珑

珑一①：白玉，黑文。图小，于器十分之七。（图97）

《说文》："珑，祷旱玉也②。为龙文。"《左氏传》③："昭公使公衍献龙辅于齐侯④。"《正义》引《说文》为说⑤。

珑二：白玉，璊斑。刘毅吉观察所藏。图小，于器十分之九。（图98）

珑三：白玉，满身黄晕，间有璊斑。（图99）

【注释】

①珑：古人在大旱求雨时所用的玉，上面刻有龙形花纹。

②祷：祈祷，祈神求福。

③《左氏传》：即《左氏春秋》，汉代改称《春秋左氏传》，简称《左传》。三十五卷。

图97

图98

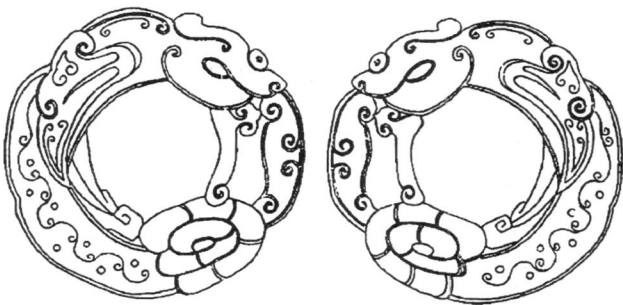

图99

旧时相传是春秋末年左丘明为解释孔子的《春秋》而作。《左传》实质上是一部独立撰写的史书。它起自鲁隐公元年（前722），迄于鲁悼公十四年（前453），以《春秋》为本，通过记述春秋时期的具体史实来说明《春秋》的纲目，是儒家重要经典之一。

④昭公：即鲁昭公（前560—前510），名姬裯，鲁襄公之子，母齐归。鲁国之二十四代君主。公衍：鲁昭公长子。龙辅：盛龙节的玉函。齐侯：即齐景公（约前561—前490）。春秋后期齐国国君。

⑤《正义》：即《五经正义》。其中包括《周易正义》14卷、《尚书正义》20卷、《毛诗正义》40卷、《礼记正义》70卷、《春秋左传正义》36卷。唐孔颖达（574—648）等奉

命主持编定，前后历时十三余年，参与者五十余位著名学者。

【译文】

珑一：白色玉，黑色纹。绘图小，是实际器物的十分之七。

《说文解字》："珑，是古人在大旱求雨时所用的玉，上面刻有龙形花纹。"《春秋左氏传》："鲁昭公派长子公衍向齐景公进献盛龙节的玉函。"《五经正义》引用《说文解字》的观点。

珑二：白色玉，红色斑纹。刘毅吉观察所收藏。绘图小，是实际器物的十分之九。

珑三：白色玉，全身黄色光影，间有红色斑纹。

【点评】

以上说珑。珑是雕饰龙纹的玉器，与古代龙的信仰密切相关。龙是我国古人想象中的一种动物，《说文》释"龙"为"鳞虫之长，能幽能明，能细能巨，能短能长，春分而登天，秋分在潜渊"，实际生活中则被尊为神灵，自古享有崇高的地位。至今华夏民族仍自称"龙的传人"，也可见其形象影响之大而久远。古代信仰中的龙作为神灵对人间的主要作用就是天旱时能够下雨，以解农事之困。这可是关系吃饭的大事，所以古人用玉雕刻为龙的形象，称为"珑"，更用以祈祷抗旱，从而珑与古代农事结下不解之缘。其用为佩饰，可能是后来的演变。今知最早的玉龙发现于内蒙古东北地

玉龙
商代晚期　中国社会科学院考古研究所藏

区的红山文化遗址，为玦形样式，当是珑之初期的状貌。

珩

白珩：白玉，璊斑。（图100）

琼佩曾传楚白珩①，当年声价等连城②。岂知片玉今犹在，三户徒存宝善名③。憨斋题④。

葱珩：青玉，黑文。（图101）

余在大梁得白珩、葱珩二玉⑤。白珩色白如羊脂⑥，满身璊斑，烂然欲滴，俗谓松香浸。葱珩则苍翠可爱，有黑文数道，如水波隐约有游鱼荡漾。其间两孔为绳系久磨，不绝如线，真三代古物也。《诗·郑风》毛《传》："杂佩者⑦，珩、璜、琚、瑀、冲牙之类。"《说文》："珩，佩上玉也。所以节行止也，"《晋语》⑧："白玉之珩六双。"韦《注》云⑨："珩，佩上饰也。珩形似磐而小⑩。"蔡邕《月令章句》⑪："佩上有双衡，下有双璜。琚、瑀以杂之，冲牙、蠙珠以纳其间⑫。"大澂按，"珩"、"衡"二字古通，"衡"即古"横"字，大篆作"黄"，今以所得白珩证之。其制平如衡木，而两端下垂，皆有孔，可系双璜。璜之两端亦有孔，可系琚、瑀、冲牙、蠙珠之类。葱珩之制虽与白珩小异，其为珩则一也。《诗·采芑》⑬："有玱葱珩⑭。"《传》云⑮："玱，珩声也。葱，苍也。""三命葱珩"⑯，即本《玉藻》"一命缊绂幽衡，再命赤绂幽衡，三命赤绂葱衡"之文⑰。《候人》传作"缊韨黝珩，赤韨黝珩"⑱，盖幽即黝，绂即韨，衡即珩也。

白衍：白玉，双龙文，满身璊斑，惟龙颜残缺处二寸许，玉色全白。

（图102）

　　蒽衍：青玉，黑文。（图103）

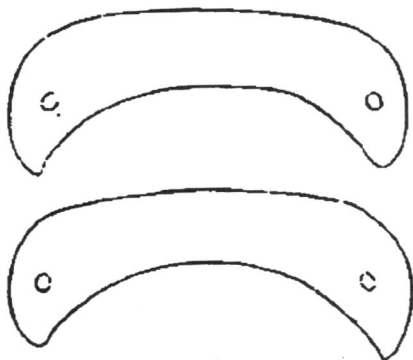

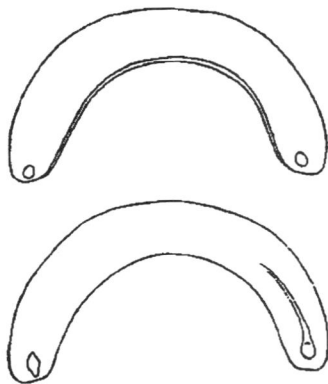

图100

图101

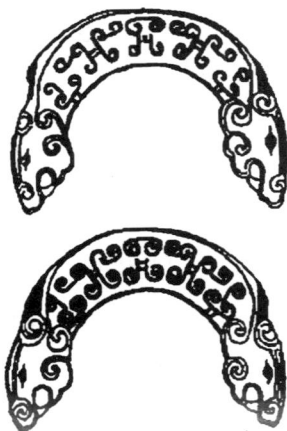

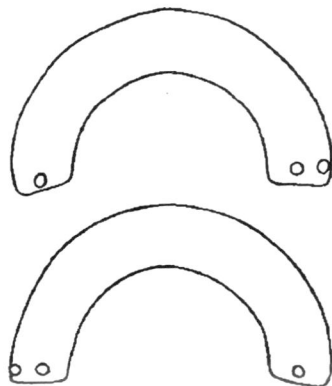

图102

图103

【注释】

①琼佩：玉制的佩饰。楚白珩：楚国所产白色美玉。《国语·楚语下》："赵简子鸣玉以相，问于王孙圉曰：'楚之白珩犹在乎？'"后以喻人的品德与才能。

②当年声价等连城：形容楚白珩的宝贵。当年，指战国时。声价，市价。连城，连在一起的许多城池，形容物品价值极昂贵。全句用战国时楚国产美玉和氏璧故事。《史记·廉颇蔺相如列传》："赵惠文王时，得楚和氏璧。秦昭王闻之，使人遗赵王书，愿以十五城请易璧。"又载蔺相如说："和氏璧，天下所共传宝也。"

③三户徒存宝善名：接上句谓当年楚王所宝重的白璧仍在，而楚国早就灭亡，只留下了出产美玉的名声，表达时移世变、物是人非之感。三户，代指楚国。出自《史记·项羽本纪》："自怀王入秦不反，楚人怜之至今，故楚南公曰：'楚虽三户，亡秦必楚也。'"旧注一说指三户人家，极言人数之少；一说指楚国的昭、屈、景三大姓；一说指地名。这里代指楚国。

④愙（kè）斋：本书作者吴大澂的斋名。

⑤大梁：古地名。战国魏都，今河南开封。

⑥羊脂：羊的脂肪，喻极白美。玉中名色有羊脂玉。

⑦杂佩：总称连缀在一起的各种佩玉。《诗经·郑风·女曰鸡鸣》："知子之来之，杂佩以赠之。"

⑧《晋语》：《国语》篇名。

⑨韦《注》：韦昭为《国语》所作的《注》。韦昭（204—273），字弘嗣。吴郡云阳（今江苏丹阳）人。三国时期吴国文学家、史学家、经学家。曾作《博奕论》，撰《吴书》，注《国语》、《论语》等。

⑩磬：古代乐器。用石或玉雕成。悬挂于架上，击之而鸣。

⑪蔡邕《月令章句》：四卷。汉蔡邕（133—192）撰。蔡邕，字伯喈。东汉陈留圉（今河南杞县）人。蔡邕好辞章、天文、算术，能画，善鼓琴。另著有《独断》、《蔡中郎集》。

⑫蠙珠：即蚌珠，亦即珍珠。

⑬《诗》：《诗经》。《采芑》：《诗经·小雅》篇名。

⑭有玱葱珩：绿色佩玉玱玱作响。玱，象声词，拟玉相击的声音，亦泛指清越的声音。

⑮《传》：毛《传》，即《毛诗故训传》。

⑯三命：周代分封异姓官爵为九等，称九命。九命之爵最高，一命之爵最低为下大夫，再命之爵为小国之卿，三命为公、侯、伯之卿。命，爵命。见《周礼·春官宗伯·典命》、《礼记·王制》。

⑰"即本"句：一命，指下大夫。缊韨（fú）：古代祭服上的浅赤色蔽膝。《礼记·玉藻》："一命缊韨幽衡。"郑玄《注》："韨之言蔽也。缊，赤黄之间色，所谓韎也。"孔颖达《疏》："他服称韠，祭服称韨……以蒨染之，其色浅赤。"幽衡，黑色的玉衡。幽，通"黝"。再命，即二命。九命中的第八个等级，指天子之中士，公、侯、伯之大夫和子、男之卿。赤韨，赤色蔽膝。葱衡，佩玉上之横玉，玉色青者。衡，亦作"珩"。

⑱《候人》：《诗经·曹风》的篇名。候人，古代掌管整治道路、稽查奸盗或迎送宾客的官员。

【译文】

白珩：白色玉，红色斑纹。

玉佩传说楚国和氏白珩，当年号称价值连城。哪里知道此璧如今尚在，楚国消亡徒有好璧之名。窬斋题。

葱珩：青色玉，黑色花纹。

大澂在大梁得到白珩、葱珩两种玉。白珩色白像羊脂，全身红色斑纹，光明灿烂好像要滴出水来一样，俗称松香浸。葱珩颜色青绿令人喜爱，有几道黑色斑纹，像有游鱼在水里游动。那中间两个孔被系绳长久磨擦，就像差点儿就要断掉的线一样，真是夏、商、周三代的古物。《诗经·郑风》毛《传》："连缀在一起的各种佩玉，如珩、璜、琚、瑀、冲牙等。"《说文解字》："珩，佩玉上面的横玉。用以使行步止息有节奏。"《国语·晋语》中说："白玉之珩六双。"韦昭《注》说："珩是佩玉上面的饰物，形状像磬，但比磬小。"蔡邕《月令章句》说："佩玉上面有两个横玉，下面有两个玉璜。琚、瑀掺杂在一起，冲牙、珍珠置于中间。"大澂认为"珩"、"衡"二字古时相通，"衡"就是古"横"字，大篆写作"黄"，今从所得这件白珩可以证明。它的形制平如横木，而两头向下垂挂，都有孔，可系两个玉璜。玉璜的两头也有孔，可系琚、瑀、冲牙、珍珠之类。葱珩的形制虽然与白珩稍有不同，但作为珩都是一样的。《诗经·曹风·采芑》："绿色佩玉玱玱响。"《毛诗故训传》说："玱，珩发出的声音。葱，深青色。""卿用青葱色的玉衡"，就是指《礼记·玉藻》载"下大夫用浅赤色的韨，黑色的玉衡；大夫用赤色的韨，黑色的玉衡；卿用赤色的韨，青葱色的玉衡"的文字。《诗经·曹风·候人》传作"浅赤色的韨，黑色的玉衡；赤色的韨，黑色的玉衡"，大概幽就是黝，韨就是芾，衡就是珩。

　　白珩：白色玉，双龙文，全身红色斑纹，只有龙头部残缺二寸许，玉色全白。

　　葱珩：青色玉，黑纹。

【点评】

　　以上考论玉珩之制及其作用。玉珩有白珩、葱珩。总括而言，"珩"字亦作"衡"。"衡"古通"横"，表明其为横置之物，即佩玉中最上面横置的玉。其形如磬，佩带时弯弧向下，下有丝绳，分三股穿过珠子，连接下面的玉，使行走中各种玉佩相互碰撞，玱玱作响，便于主人掌握行止的节奏。大约像现在某些西南少数民族女子佩饰的样子，煞是好看。由此想象古人的"慢生活"，亦是趣味盎然。

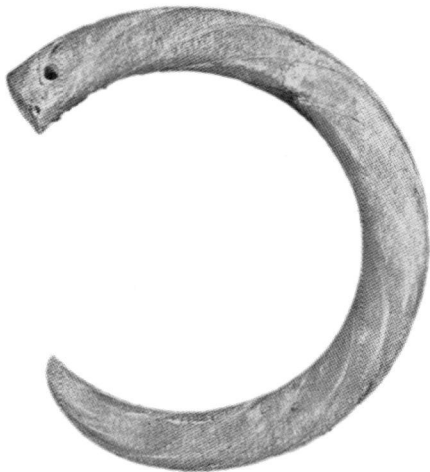

玉冲牙

春秋晚期　河南省文物研究所藏

佩璜

佩璜①：青玉。

此即上有双衡、下有双璜之璜，与六瑞之璜大小不同。（图104）

佩璜：白玉。（图105）

佩璜：青玉，黑文。（图106）

《周礼注》及《国语注》引《诗传》曰②："下有双璜。"贾《疏》云："谓以组悬于衡之两头，两组之末皆有半璧曰璜。"

佩璜：青玉，有黑斑。（图107）

佩璜：青玉，有黄晕。（图108）

【注释】

①佩璜：玉佩。

②《周礼注》：指《周礼》东汉郑玄《注》。《国语注》：指《国语》三国吴韦昭《注》。《诗传》：指《毛诗诂训传》。

【译文】

佩璜：青色玉。

这个就是佩玉上面有两个横玉、下面有两个璜的玉璜，和六瑞的璜大小不一样。

佩璜：白色玉。

佩璜：青色玉，黑色斑纹。

《周礼注》及《国语注》引《诗传》说："佩玉下面有两个玉璜。"贾公彦《疏》："用丝带悬于横玉的两头，两个丝带末端都有半个璧，叫做玉璜。"

佩璜：青色玉，有黑色斑纹。

佩璜：青色玉，有黄色光影。

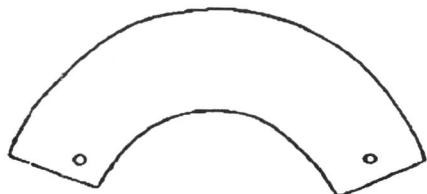

图104

图105

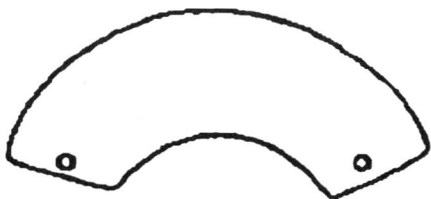

图106

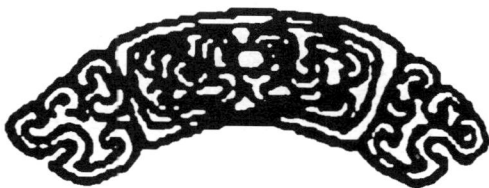

图107

图108

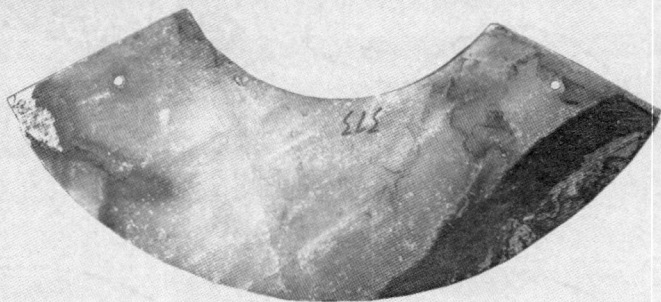

上　玉璜
　　　春秋晚期　山西省考古研究所藏
下　玉璜
　　　春秋晚期　山西省考古研究所藏

【点评】

　　以上考证佩璜，璜为半圆之璧，常用为佩饰，称佩璜。佩璜产生甚早，《山海经·海外西经》载夏后启"左手操翳，右手操环，佩玉璜"，可能夏代就有了佩璜的习俗。玉璜在三代属于礼器，但更多用作佩饰。佩璜制作讲究，形制优美。今见殷商时的佩璜上就已经有人纹、鸟纹、鱼纹、兽纹等。至春秋战国，佩璜往往通体施饰，更加繁复。纹饰的题材也不再限于常见之物，而有了龙凤蟠螭等纹，更加丰富，令人眼花缭乱，足见当时雕刻与绘画的水平已经相当高超了。

玦

　　玦：青玉，带黑色。一面刻双龙，一面刻朱雀。邵漪园观察所藏。（图109）

　　是玦为佩玉之玦[①]，与钩弦之玦不同[②]。《说文》："玦，玉佩也。"《九歌》注曰[③]："玦，玉佩也。先王所以命臣之瑞[④]，故与环即还，与玦即去也。"《白虎通》曰："君子能决断，则佩玦。"韦昭曰："玦，如环而缺。"

【注释】

　　①玦：半环形有缺口的佩玉，古代常用以赠人表示决绝。

　　②钩弦之玦：射箭挽弦时套在右手大拇指上的象骨套子。玦，通"决"。《诗经·小雅·车攻》"决拾既佽"毛《传》："决，钩弦也。"朱熹《集传》："决，以象骨

图109

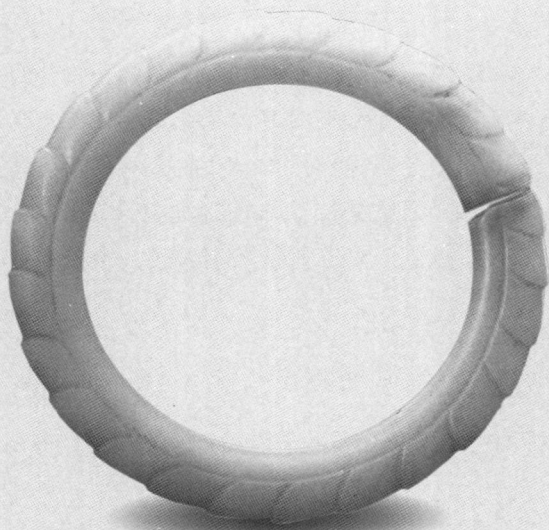

青玉玦
西周　故宫博物院藏

玉玦
春秋晚期　河南省文物研究所藏

为之，着于右手大指，所以钩弦开体。"所以玦又俗称"扳指"。

③《九歌》：《楚辞》中的一篇。

④命臣：天子赐予爵禄之臣。《文选》潘岳《藉田赋》："自上下下，具惟命臣。"李善《注》引郑玄《仪礼注》："命者，加爵服之名。"

【译文】

玦：青色玉，带有黑色。一面刻双龙，一面刻朱雀。邵漪园观察所收藏。

这件玦是佩饰之玉玦，与射箭挽弦用的扳指不同。《说文解字》："玦，玉佩。"《九歌》注："玦，玉佩。上古君王用来赐命臣下的瑞玉，因此赐予环就表示命其马上返回，赐予玦就表示与之断绝关系，逐之离去。"《白虎通》载："君子能有决断，就佩带玦。"韦昭说："玦如玉环而有缺口。"

【点评】

　　以上介绍玉玦。玦是与环关系密切，环有缺则为玦。最古老的玦自然是玉器，但《史记·晋世家》载："（卫）懿公好鹤，鹤有乘轩者。将战，国人受甲者，皆曰：'使鹤。鹤实有禄位，余焉能战？'公与石祁子玦，与宁庄子矢，使守。"或太子申生"佩之金玦"，服虔曰："以金为玦也。"韦昭曰："金玦，兵要也。"可知那时已经有了金玦。又据《史记·循吏列传》："子产去我死乎！民将安归？"《索隐》曰："又《韩诗》称子产卒，郑人耕者辍耒，妇人损其佩玦也。"可知春秋已有女性佩玦之俗。如此等等。总之，玦在上古用途广泛，大约有五：一作佩饰；二作信器，见玦时表示施赠者与之断绝关系；三是寓意佩戴者处事决断，有君子或大丈夫气质；四是作处罚的标志，犯法者待于边境或其他一定的地方，见玦则不许回还，也就是被宣判受到了驱逐；五是用于射箭，使用时将玦套戴在右拇指上，以作钩弦，称为扳指。

　　玦的诸多用途也就是其与社会生活广泛的联系，从而历史上就有不少与玦相关的故事。最著名的发生在楚汉相争时，据《史记·项羽本纪》载，公元前207年，楚霸王项羽在谋臣范增的策划下，在鸿门（今陕西临潼东）设宴欲除掉劲敌刘邦。在宴饮中，自知实力不敌的刘邦卑辞甘言，迷惑得项羽犹豫不决，急得谋士"范增数目项王，举所佩玉玦以示之者三，项王默然不应"，结果坐失良机，最后身死乌江，一败涂地。

玉戚

　　玉戚①：黄玉，璊斑。（图110）

　　玉戚，舞器也。"朱干玉戚"见《明堂位》、《祭统》②，"大乐正舞干戚"见《文王世子》③，"干戚羽旄谓之乐，干戚旄狄以舞之"见《乐

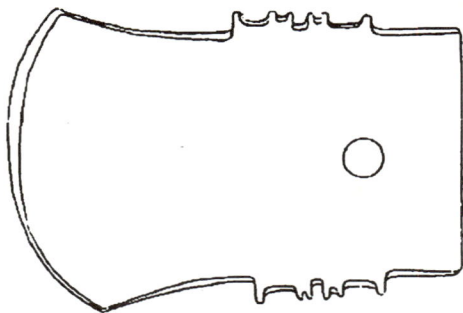

图110

记》④。干、戚并称，皆言舞器也。《说文》："戚，戉也⑤。"《诗·公刘》传⑥："戚，斧也。"是玉形制与斧相似，为方元仲观察鼎录所赠。

【注释】

①玉戚：玉柄或玉饰的斧。

②朱干玉戚：红色的盾与玉饰的斧。古代武舞所用。《礼记·明堂位》："朱干玉戚，冕而舞《大武》。"孔颖达《疏》："朱干玉戚者，干，盾也；戚，斧也。赤盾而玉饰斧也。"《祭统》：《礼记》篇名。"统"犹"本"，"祭统"即祭祀的根本。此篇主要从祭前的斋戒、祭祀时的程序和礼节等方面阐述了祭祀活动是通过崇拜鬼神来体现人类孝心的。说明表现"孝心"是祭祀活动的根本之所在。

③大乐正：官名。周代乐官之长。《文王世子》：《礼记》篇名。记文王为世子时之法。文王，周文王姬昌。世子，古代天子、诸侯的嫡长子。

④羽旄：乐舞时所执的雉羽和旄牛尾。《礼记·乐记》："比音而乐之，及干戚羽旄，谓之乐。"郑玄《注》："羽，翟羽；旄，旄牛尾。文舞所执。"旄狄：即旄羽。牦牛尾和雉羽。《乐记》：《礼记》篇名。与《史记》中的《乐书》只是文句小异。郑玄《目录》："名曰

玉戚
西周早期　山东省济阳县博物馆藏

玉戚
西周　中国社会科学院考古研究所藏

《乐记》者，以其记乐之义。此于《别录》属乐记。"其作者不详，有的说是孔子再传弟子公孙尼子所著。成帝时，谒者王禹献《乐记》二十四卷。刘向校书，得《乐记》二十三篇。

⑤戉（yuè）：同"钺"，古代兵器，像斧，比斧大。有青铜、玉制。供礼仪、殡葬用。

⑥《诗·公刘》：即《诗经·大雅·公刘》篇。《毛诗序》说："《公刘》，召康公戒成王也。成王将莅政，戒以民事，美公刘之厚于民，而献是诗也。"《传》：指《毛诗故训传》。

【译文】

玉戚：黄色玉，红色斑纹。

　　玉戚是武舞用的器具。"朱干玉戚"的说法见于《礼记·明堂位》、《礼记·祭统》的记载，"大乐正舞干戚"的说法见于《礼记·文王世子》的记载，"干戚羽旄谓之乐"、"干戚旄狄以舞之"的说法见于《礼记·乐记》的记载。干、戚并称，都被说成是武舞的道具。《说文解字》说"戚就是戉"，《诗经·公刘》毛《传》说"戚就是斧"。这块玉的形制与斧相似，是方元仲观察鼎录赠给我的。

【点评】

　　以上据实物和典籍考证介绍玉戚。玉戚是玉制兵器，但主要不是真的用作战场上厮杀，而是供天子举行朝廷典礼或祭祀神鬼时，一定数量的军士手持各种兵器，包括装上"朱干"即红色木柄的玉戚，列队以表演武力。那情景应当有似于今天的"军演"，却主要是仪式性的，以示天子的威严和隆重。这种玉戚盛行于商、周两代。今见玉戚有1981年河南偃师二里头出土的一件，长21.1厘米、高23厘米。这件玉戚为粗白玉料制成，中间有一个大的穿孔，两侧各有6条突起的棱，双面刃，刃部又被等边切成4条刃口，璧面切割平整，内外缘厚度相同。在其表面有细若发丝的微刻花纹和一个人形图案，堪称一绝，充分体现出中国古代玉器工艺的高超水平以及玉匠的聪明才智。

琫

　　琫一[①]：白玉。（图111）

　　琫二：青玉，有土斑。（图112）

　　《小雅》："鞞琫有珌[②]。"《传》："鞞，容刀鞞也[③]。琫，上饰。珌，下饰。"《大雅》："鞞琫容刀。"[④]《传》："下曰鞞，上曰琫。"《说文》："琫，佩刀上饰也。天子以玉，诸侯以金。"段氏《注》："鞞之言裨也，刀室所以裨护刀者[⑤]；琫之言奉也，刀本曰环，人所捧握也，其饰曰琫；

图111   图112

珌之言毕也，刀室之末其饰曰珌。上下自全刀言之，琫在鞞上，鞞在琫下，珌在鞞末。"刘熙《释名》曰⑥："室口之饰曰琫⑦。琫，捧也，捧束口也。下末之饰曰珌。珌，卑也，下末之言也。"段《注》谓刘袭毛说而大非毛意⑧。今以古玉琫证之，盖饰于刀室之口者，或饰于刀秘之下刃之上以合于室口，故琫之上下皆有孔。刘说"捧束口"不误。段以琫为刀本环饰，则非也。特《释名》讹鞞为琕，不知鞞为刀室之统名，实误以琕为珌字耳。右琫二器：前一玉似饰于刀室之口者，后一玉似饰于刀刃之上端者，与剑鼻玉之合于剑室⑨，其用正同，皆非饰于刀本者。古人佩刀之制，即此可以想见之。

【注释】

　　①琫（běng）：刀鞘口周围的玉饰。

　　②鞞（bǐng）琫有珌（bì）：出自《诗经·小雅·瞻彼洛矣》。鞞，刀鞘。珌，刀鞘末端的玉饰。鞞、琫连称代指刀鞘。

　　③容刀：佩刀。

　　④《大雅》："鞞琫容刀"：出自《诗经·大雅·公刘》。《大雅》，《诗经》二雅之一，共三十一篇。《大雅》的作品，大部分作于西周前期，作者大都是贵族。内容主要是对周祖先及神明的赞颂。

⑤刀室：刀鞘。裨：增添，补助。

⑥刘熙《释名》：八卷，汉刘熙撰。刘熙，或称刘熹，字成国。北海（今山东昌乐）人。东汉经学家、训诂学家。另著有《孟子注》，今已不传。

⑦室口：刀鞘口。

⑧刘袭毛说：刘熙承袭毛公的说法。

⑨剑鼻玉：玉剑饰之一。《说文》："璏，剑鼻玉也。"剑室：剑鞘之别称。汉扬雄《方言》卷九："剑削（鞘），自河而北燕赵之间谓之室。"

【译文】

珌一：白色玉。

珌二：青色玉，有土色斑纹。

《诗经·小雅·瞻彼洛矣》："鞞琫有珌。"《毛诗故训传》："鞞，佩刀的刀鞘。琫，刀鞘口周围的玉饰。珌，刀鞘末端的玉饰。"《诗经·大雅·公刘》："鞞琫容刀。"《毛诗故训传》："刀鞘下端饰物称鞞，刀鞘上端饰物称琫。"《说文解字》："琫，佩刀上端的饰物。天子用玉，诸侯用金。"段玉裁《说文解字注》："鞞读作裨，刀鞘是用来辅助保护刀的；琫读作奉，刀本来叫环，人们所便于捧握，它的饰物像琫；珌读作毕，刀鞘最下端的饰物叫珌。上下是自全刀而说的，琫在鞞的上面，鞞在琫的下面，珌在鞞的下面。"刘熙《释名》载："刀鞘口的饰物叫琫。琫，就是捧。捧是把口扎缚起来。刀鞘下端的饰物叫琕。琕，就是卑，低下的说法。"段玉裁《说文解字注》说刘熙沿袭采用毛公的说法而大部分不是毛公的意思。现在从这件古玉珌证明，饰于刀鞘口的饰物，或者饰于刀柄之下刀刃之上以符合刀鞘口，所以珌的上下都有孔。刘熙说"捧束口"不错。段玉裁以珌为刀，本是环形的饰物，则是错的。只有《释名》错以鞞为琕，不知道鞞是刀鞘的统一名称，实在是把琕误以为珌字啊。以上两个珌：前一个玉好像是饰于刀鞘口上的，后一个玉好像是饰在刀刃的上端的，与剑鼻玉的用于剑鞘，其作用正好相同，都不是装饰佩刀本身的。古人佩刀的制度，由此可以推想而知。

珌

珌一：白玉质，满身璊点。（图113）

珌二：白玉质，满身璊斑。刘毅吉观察所藏。（图114）

珌三：玉白质而黑章。（图115）

珌四：白玉，微带黑晕。此刀珌之最大者。（图116）

《说文》："珌，佩刀下饰，天子以玉。"《玉篇》曰①："珌，古文作玤。"《小雅》毛《传》："天子玉琫而珧珌②，诸侯璗琫而璆珌③，大夫镣琫而镠珌④，士珧琫而珕珌⑤。"《说文》："球，玉也。或从翏，作璆。"今世所传刀珌，大抵皆璆珌也。《尔雅·释器》："璆，美玉也。"《禹贡》、《礼器》⑥，郑《注》同。

【注释】

①《玉篇》：古代字书，南朝梁顾野王撰。顾野王（519—581），字希冯。吴郡吴（今江苏苏州）人。

②玉琫（běng）：古代刀剑鞘上部近

图113　　　　　　　　图114

图115　　　　　　　　图116

古玉图考

玉剑珌
春秋晚期　山西省考古研究所藏

玉璃凤纹珌
西汉前期　江苏省徐州博物馆藏

口处的玉饰物。珧珌（yáo bì）：古代剑鞘下部之饰，用蜃壳制成。珧，蚌蛤的甲壳。

③璗（dàng）珵：古代剑鞘上端的饰物，用黄金制成。璗，黄金。璆（qiú）珌：古代剑鞘下部之饰，用美玉制成。璆，古通"球"，美玉。

④镠（liào）珵：古代剑鞘上近口处的装饰物，以银制成。镠，成色好的银子。镠（liú）珌：古代剑鞘末端的装饰物，用纯美黄金制成。镠，成色好的金子。

⑤珕（lì）珵：古代剑鞘上端的饰物，用贝壳制成。珕，蚌蛤一类的软体动物。珕珌：古代剑鞘下部之饰，用贝壳制成。

⑥《禹贡》：《尚书》篇名。成书于战国时期，作者不详。中国最早的地理学著作。

【译文】

珌一：白色玉质，全身红色斑点。

珌二：白色玉质，全身红色斑纹。刘毅吉观察所收藏。

珌三：玉，白色底子黑色花纹。

珌四：白色玉，稍带黑色光影。这是刀鞘下端饰物中最大的。

《说文解字》："珌，佩刀下端的饰

物，天子用玉。"《玉篇》："珌，古文称作鉍。"《诗经·小雅》毛《传》："天子刀剑鞘上端用玉饰物而下端用蜃壳饰物，诸侯刀剑鞘上端用黄金饰物而下端用美玉饰物，大夫刀剑鞘上端用银饰物而下端用黄金饰物，士刀剑鞘上、下端都用贝壳饰物。"《说文解字》："球，美玉。或从璗，作璙。"现在世上所流传刀鞘下端饰物，大都是美玉制成的。《尔雅·释器》："璙，美玉。"《尚书·禹贡》、《礼记·礼器》，郑玄的《注》所说相同。

璏

璏①：瑞玉，有土斑。（图117）

璏：玉色纯白，下边有红晕一缕。（图118）

璏：白玉，有瑞点。（图119）

璏：白玉，有瑞点。（图120）

璏：青玉，黑章间有瑞点。刘毅吉观察藏器。（图121）

《说文》："璏，剑鼻也。"《王莽传》②："美玉可以灭瘢③，欲献其璏。"服虔曰④："璏，音卫。"苏林曰⑤："剑鼻玉也。"余所得古铜剑茎之下有剑鼻⑥，与玉剑鼻形制正同。徐翰卿曰："曾见吾吴故家藏一古铜剑⑦，其剑鼻之玉，上有玉柄，铜玉相连，完好无损。"可知古之剑鼻有用铜、有用玉者。

【注释】

①璏：音zhì。

②《王莽传》：见班固《汉书》卷九十九。

③瘢：皮肤上的斑点。

古玉图考

图117　　　　　　　　　图118　　　　　　　　　图119

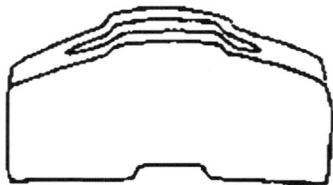

图120　　　　　　　　　　　　图121

④服虔：字子慎，初名重，又名祇，后改名为虔。河南荥阳（今河南荥阳）人。东汉经学家，撰有《春秋左氏传解谊》。

⑤苏林：字孝友。陈留外黄（今河南民权）人。三国魏文学家。苏林博览群书，通古

今字义，诸书传文疑难之处皆加疏释。唐颜师古注《汉书》，其音多引苏林之说。撰有《陈留耆旧传》。

⑥剑茎：剑柄古代的别称。《周礼·冬官考工记·桃氏为剑》："以其腊广为三茎围。"又："身长五其茎长。"是说以剑身的宽度为剑柄的周围，而剑身的长度应是剑柄的五倍。

⑦故家：老辈做官的人家。

【译文】

璏：红色玉，有土色斑纹。

璏：玉色纯白，下端有一条红色光影。

璏：白色玉，有红色斑点。

璏：白色玉，有红色斑点。

璏：青色玉，黑色花纹间有红色斑点。刘毅吉观察所藏器物。

《说文解字》："璏，玉制剑鼻。"《王莽传》："美玉可以消灭皮肤上的斑点，想献出他的玉制剑鼻。"服虔说："璏，读作卫。"苏林说："剑鼻玉饰。"大澂所得古铜剑柄之下有剑鼻，与玉制剑鼻形制正好相同。徐翰卿说："曾经见到我吴中老辈做官的人家藏

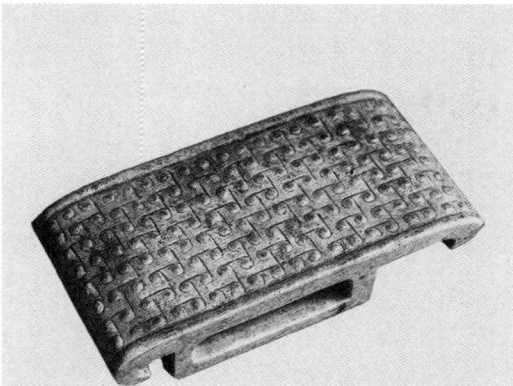

玉剑璏
秦　湖南省博物馆藏

玉剑璏
春秋晚期　山西省考古研究所藏

有一柄古铜剑,它的剑鼻用玉制成,上有玉柄,铜和玉相连,完好无损。"可以知道古代的剑鼻有用铜,有用玉的。

【点评】

以上说瑑、珌、璏,都是镶嵌玉,是镶在剑身上或剑鞘上的饰物,即玉剑饰。古代重剑,天子诸侯、勋臣武将无不十分讲究剑饰,从而十分宝贵的玉也成为装饰剑的材料。据诸书所载,玉剑饰有五种,分别镶嵌在剑柄端部、剑柄与剑身界部、鞘口、鞘身、鞘端五个部位。各有名称,而众说不一。一般的说法是:标首,剑柄饰玉;璏,剑格用玉,《说文解字》:"璏,剑鼻玉饰也。"又,金属剑鼻称为镡,玉璏称为玉镡。瑑,即剑鞘口的饰玉。

考古发现表明我国周代就已经有了玉剑饰。今见最早是南京六台程桥春秋墓出土的玉剑格、剑柄等。汉代尤重佩剑,当然也重视玉剑饰。其流风余韵至明清之时,玉剑饰仍有制造和使用,几乎与中国有史的整个古代相始终。

韘

韘[1]:玉色纯白。厚一寸。(图122-1)厚三分半。(图122-2)

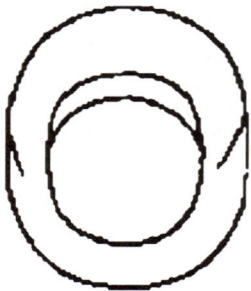
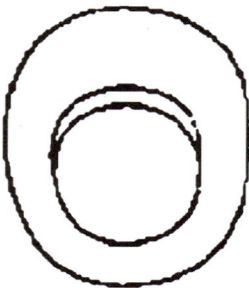

图122-1   图122-2

《诗·芄兰》[2]:"童子佩韘[3]。"毛《传》云:"韘,玦也。能射御则佩韘[4]。"《笺》云[5]:"韘之言沓,所以彄沓手指[6]。"《说文》:"韘,射决也[7]。所以拘弦[8],以象骨韦系[9],着右巨指[10],或从弓作弽[11]。"《车攻》:"决拾既伏[12]。"《传》云:

"决，钩弦也。拾，遂也^⑬。"

【注释】

①韘（shè）：射箭时戴在右手拇指上用以钩弦的工具。以象骨、玉石制成。又叫"玦"，俗名"扳指"。为古代成人所佩之物。

②《诗·芄兰》：《诗经·卫风》篇名。

③佩韘：佩戴牙玦或玉玦。"佩韘"表示已成年。

④射御：射箭御马之术。古代六艺中的两种，都属尚武的技艺。

⑤《笺》：此指郑玄的注释。

⑥驱（kōu）沓：罩，套戴。

⑦射决：即佩韘。俗称扳指或搬指。

⑧拘弦：即钩弦。拘，同"钩"。射箭挽弦时套在右手大拇指上的象骨套子。

⑨韦：皮绳。

⑩右巨指：右手大拇指。

⑪韘（shè）：同"韘"。

⑫决拾既佽（cì）：出自《诗经·小雅·车攻》。决拾，古代射箭用具。决，通"抉"，扳指，多以骨制，套在右手拇指上，用以钩弦。拾，套袖，革制，套在左臂上，用以护臂。《诗经·小雅·车攻》："决拾既佽，弓矢既调。"毛《传》："决，钩弦也。拾，遂也。"佽，古通"次"，排列有序。

⑬遂：射者穿的臂衣。

【译文】

韘：玉色纯白。厚一寸。厚三分半。

《诗经·芄兰》："童子佩韘。"《毛诗故训传》载："韘，就是玦。能射箭骑马就佩带玉玦。"郑玄《笺》注说："韘读作沓，用来套带在手指上。"《说文解字》："韘，扳指。用以钩弦，射箭挽弦时套在右手大拇指上的象骨套子，或从弓作弽。"《诗经·小雅·车攻》："决拾既佽。"《毛诗故训传》："决，射箭挽弦时套在右手大拇指上的象骨套子。拾，射者穿的臂衣。"

　　大澂所得古玉鞢与濮青士太守文暹所藏一鞢①，形制正同。一面厚一寸，一面厚三分半。不知者以为破决所改，非也。决拾之决，《释文》作夬，《仪礼·士丧礼》作决②，《周礼·缮人》作抉③，毛《传》作玦，皆一字。字可从玉，必有以玉为玦者，得此可证毛公训玦之义。《仪礼》郑《注》云："决，犹闿也④，挟弓以横执弦⑤。"王棘与柘棘⑥，善理坚刃者⑦，皆可以为决。陈氏启源曰⑧："案射礼⑨，右巨指着决以钩弦，食指、中指、无名指着沓以放弦⑩。"决用棘及骨及象骨为之，亦名玦，亦名抉；沓用朱韦为之⑪，亦名极。《大射礼》云⑫："朱极三是也⑬。"大澂以为用棘、用象骨者，士大夫通用之鞢。惟天子佩白玉，因以白玉为鞢。非诸侯以下所得僭用⑭，故传世绝少。

【注释】

　　①濮青士太守文暹：即濮文暹（1830—1909），原名濮守照，字青士，晚号瘦梅子。江苏溧水（今江苏溧水）人。光绪年间曾任南阳知府。

　　②《仪礼·士丧礼》：《仪礼》篇名。

　　③《周礼·缮人》：《周礼》篇名。缮人，职官名。掌王所用弓弩、矢箙、缯弋、抉拾之职。

　　④闿（kǎi）：开。

　　⑤挟弓：方执弓矢曰挟。

　　⑥王棘：棘之坚善者。柘（zhái）棘：木名。木理细密而坚韧，古用作射箭的扳指。

⑦善理：即"缮理"，修理，修缮。坚刃：坚韧。

⑧陈氏启源：即陈启源（？—1683或1689），字长发，号见桃居士。明末清初苏州吴江（今江苏苏州）人。生平喜读书，精研经学，著有《毛诗稽古编》、《尚书辨略》、《读书偶笔》、《存耕堂稿》等。

⑨射礼：古代重武习射，常举行射礼。射礼有大射、宾射、燕射、乡射四种。将祭择士为大射；诸侯来朝或诸侯相朝而射为宾射；宴饮之射为燕射；卿大夫举士后所行之射为乡射。《礼记·射义》："天子以射选诸侯。"唐孔颖达《疏》："天子以射礼简选诸侯以下德行能否。"

⑩沓：应是用朱红色的"韦"缠住右手的三个手指用来引弓，可以避免勒伤手指的一种兽皮。

⑪朱韦：朱红色皮绳。朱，朱色，大红色。古代称为正色。

⑫《大射礼》：指《仪礼·大射》篇。大射，古代射礼之一。天子、诸侯为选择参与祭祀之人，要举行类似今天射箭比赛的活动，称"大射"，以射中多者参予祭祀之礼。

⑬朱极三：三个手指上带红色皮指套，君王射箭时用以护指。《仪礼·大射》："小射正坐，奠笥于物南，遂拂以巾，取决兴，赞设决，朱极三。"郑玄《注》："极犹放也，所以韬指，利放弦也。以朱韦为之。三者，食指、将指、无名指。无极放弦，契于此指，多则痛。小指

玉韘
商代晚期　中国社会科学院考古研究所藏

古
玉
图
考

短，不用。"胡培翚《正义》："此君极，朱而用三，若臣则用二。"

⑭僭用：超越身份使用。

【译文】

大澂所得古玉鞢与濮文暹太守所藏一鞢，形制正好相同。一面厚一寸，一面厚三分半。不知道的人以为是破毁决改成的，并非如此。决拾的决，《尔雅·释文》作夬，《仪礼·士丧礼》作决，《周礼·缮人》作抉，《毛诗故训传》作玦，都是同一字。字可以从玉，必然有以玉为玦的，得到此物可以证明毛大公解释玦的意思。郑玄注《仪礼》："决如同开，持弓横举，拈拉弓弦。"王棘与柘棘，修缮坚韧的都可以作为决。陈启源说："所谓射礼，右手大拇指带上扳指以钩弦，食指、中指、无名指套上沓以放弦。"扳指是用棘木、骨及象骨做成的，也叫玦，也叫抉；沓是用朱红色皮绳做成的，也叫极。《仪礼·大射礼》："红色皮指套护住食指、中指、无名指。"大澂以为用棘、象骨做成的扳指是士大夫普遍使用的。只有天子佩带白玉，因此以白玉做成的扳指，不是诸侯以下能超越自己身份使用的，所以留传于后世极少。

【点评】

以上说鞢，俗称扳指，是古人射箭为了更好地控制弓弦，套在右手拇指上的箍状玉件。鞢可用多种材料制作，玉只是其中一种，高层贵族才能使用。其他还有皮革和兽面制作的。鞢在商代是射箭用的钩弦器，用来护指，能随身携带。上古重武，男子从儿童起，"能射御则佩鞢"，表明鞢是上古男子必备之物。今见最早的玉鞢出土于河南安阳殷墟妇好墓中，是商代晚期的作品。从其有刻槽、饰花纹等工艺分析，玉鞢的制作使用至商末已经成熟。但是，商朝以前玉鞢发生使用的情况，因无记载和实物为证，则很难断定了。

河南安阳殷墟妇好墓的商代玉鞢为圆筒状，下端平，上部呈斜面形，下部下端有一条凹形的横槽，可纳入弓弦。至战国玉鞢的高度明显降低，饰勾云纹，一端还有穿孔，可穿系以为佩饰。有的浮雕螭、凤等，刻工精湛，但已经不能用于扣弦拉弓，成了单纯的装饰品，开了后世鞢形佩的先河。汉代玉鞢向佩饰方向演变的速度更快，变化也很大。后来不知何时连名称也改了，不再称鞢，而叫做"鸡心佩"了。世事沧桑，由此也可以见得。

觿

大觿[1]：山元玉。（图123）

小觿：山元玉。（图124）

古觿多用角、用象骨为之，故玉觿传世绝少。

《诗·芄兰》："童子佩觿[2]。"《传》："觿，所以解结，成人之佩也。"《礼·内则》[3]："左佩小觿，右佩大觿。"《注》："小觿，解小结也。觿，貌如锥，以象骨为之。"陈氏《诗疏》云[4]："郑谓小觿解小结，则大觿解大结欤？"《说文》："觿，佩角，锐端可以解结。"《说苑·杂言篇》[5]："百人操觿[6]，不可为固结。"又《修文篇》："能治烦决乱者，佩觿。"

《说文》："琼，或从矞作瓗[7]，或从巂作璕[8]。"璕与瓗相似而不相类。窃疑佩觿之觿，用角者从角，用玉者从玉，则瓗字当即觿之或体[9]，亦未可知。因得玉觿[10]，附识于此[11]。

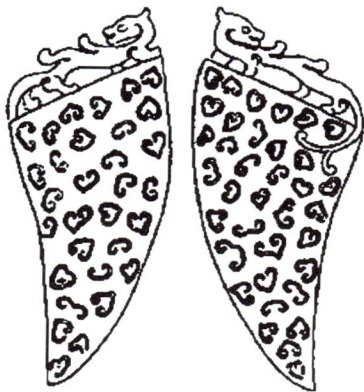
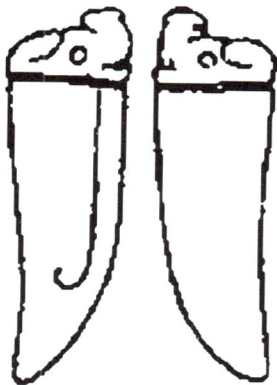

图123

图124

【注释】

①大觿（xī）：形制较大的觿。觿，象骨制成的解绳结的角锥，亦用为饰物。

②佩觿：亦作"佩觿"，一种用为佩饰的骨制牙锥。古代成人才准佩觿，所以佩觿也是人成年的标志。

③《礼·内则》：指《礼记·内则》篇。该篇详尽地介绍了男女居家侍奉父母公婆的各种礼节，兼及古代膳食文化、女子分娩，以及家庭教育等各方面的礼俗制度。

④陈氏《诗疏》：指清陈奂撰《毛诗传疏》，三十卷。陈奂（1786—1863），字硕甫，号师竹，晚自号南园老人。长州（今江苏苏州）人。清代著名文字学家。另著有《毛诗说》、《毛诗传义类》、《诗语助义》等。

⑤《说苑》：原名《新苑》，20卷，汉刘向（前77—前6）撰。汉代笔记小说集。刘向，原名更生，字子政。沛县（今江苏沛州）人。曾任散骑谏大夫、光禄大夫，校阅经传诸子诗赋等书籍，写成《别录》一书，是我国最早的图书分类目录。另著有《新序》、《列女传》、《洪范五行传论》等。

⑥操：拿。

⑦璚（qióng）：古同"琼"，赤色的玉，泛指美玉。

⑧瓗（qióng）：古同"琼"，美玉。

⑨或体：即异体字，指读音、意义相同而写法不同且可以互换的字。

⑩玉觿：玉制锥状佩物，解小结用。

⑪附识：附记。

【译文】

大觿：山玄玉。

小觿：山玄玉。

古时觿大多用角、用象骨做成，所以玉觿留传于后世极少。

《诗经·芄兰》："儿童佩带牙锥。"《毛诗故训传》："牙锥，用以解开结扣，成年人所

玉龙形觿

战国晚期　安徽省文物考古研究所藏

佩带的。"《礼记·内则》:"左边佩带解小结扣的锥子,右边佩带解大结扣的锥子。"《注》:
"小觿,解小结扣的锥子。觿,形状像锥子,用象骨做成。"陈奂《毛诗传疏》载:"郑玄说小
觿解小结扣,那么就是大觿解大结扣了?"《说文解字》:"觿,佩角,尖的一头可以解开结
扣。"《说苑·杂言篇》:"一百人手执锥子解结,不可以认为牢固团结。"又《说苑·修文篇》:
"能够治理复杂混乱局面的,有资格佩带觿。"

　　《说文解字》:"琼,或从矞作璚,或从巂作瓗。"瓗与璚相像,而不相近似。大澂怀疑
佩觿的觿,用角制作的从角,用玉制作的从玉,这个瓗字就是觿字的异体字,也说不定。因为
得到这件玉觿,附记在这里。

【点评】

　　以上说玉觿,起初是古人解开纽结的用具,以象骨、兽牙、铜或玉制成,形如弧形锥。亦
用作佩饰。能够佩觿是古代男子成年的标志之一。《诗经·卫风·芄兰》:""芄兰之支,童子
佩觿。虽则佩觿,能不我知。"译家翻为白话诗即"芄兰有枝尖又尖,儿童解锥带在身。虽然
解锥带在身,哪里懂得大人事",颇有情趣。

　　古人的佩觿用于解结,但所解结多与佩玉有关。佩玉而行,玉器相碰而鸣;若不使发声,

则于两玉间作结。这样系结、解结的事就经常发生,佩觿也就如今人多于裤带上挂钥匙一般,成了古人不可或缺的随身之物。但是从以上作者考论并结合其他资料来看,佩觿却不仅是为了实用,还逐渐发展出礼仪和道德上的意义,一是可以帮助他人解结,尤其是备父母解结之用,从而有了尽孝的作用;二是如上引《说苑·修文篇》所说:"能治烦决乱者佩觿。"则佩觿又成了能掌控局势、治理复杂纷乱事的能力的象征。可见小小牙锥,在古代绝非可有可无,而且有时关系重大,甚至可以是能治世理乱、排难解纷之大人物的象征。

璂

璂一①:白玉,有黑晕,背有象鼻孔三,制作古雅。(图125)

璂二:青玉。(图126)

璂三:青玉,有璊斑。(图127)

璂四:山元玉。(图128)

《说文》:"璂,弁饰②,往往冒玉也③。或从基作琪。"《周礼·弁师》④:"王之皮弁⑤,会五采玉琪⑥。"郑司农云:"故书会作骹,骹读如马会之会,谓以五采束发也⑦。琪读如綦,车毂之綦⑧。"《诗》:"会弁如星⑨。"《传》:"弁,皮弁,会所以会发。"郑《笺》:"会为弁缝,饰以玉。"与毛、许、先郑解会字皆不合⑩。大澂以为璂者,正冠之玉饰于弁缝⑪,如璧而小。大者象日月,小者象星,故曰:"会弁如星。"郑说是也。

【注释】

①璂(qí):古代皮件缝合处的玉饰。

②弁饰:冠的装饰物。

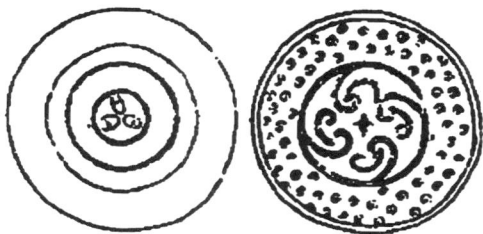

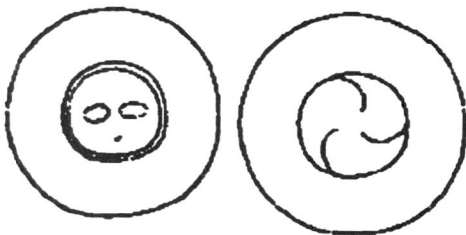

图125 图126

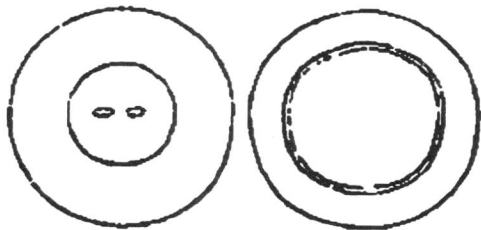

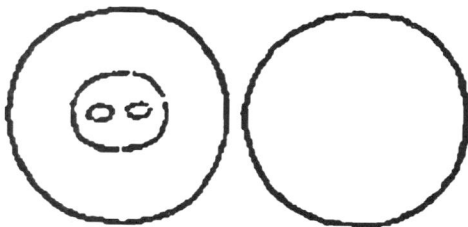

图127 图128

③冒：同"帽"。这里用如动词。

④《周礼·弁师》：《周礼》篇名。弁师，职官名。掌管君主的冕、皮弁（冠）、弁绖和诸侯、卿大夫之冕等。

⑤皮弁：古冠名。用白鹿皮制成。

⑥会：缝中。五采：即"五彩"。指青、黄、赤、白、黑五种颜色。

⑦束发：古代男孩成童，将头发卷束成一个发结。后来就以"束发"指成童。

⑧车毂：车轮中心插轴的部分。亦泛指车轮。

⑨会弁如星：出自《诗经·卫风·淇奥》。会弁：帽子缝合处。缝合之处用玉装饰。

⑩毛、许、先郑：指汉代毛大公、许慎、郑众，三位都是经学家或文字学家。

⑪正：通"整"，整理，端正。

【译文】

瑧一：白色玉，有黑色光影，背面有三个象鼻孔，制作古朴典雅。

瑧二：青色玉。

瑧三：青色玉，有红色斑纹。

瑧四：山玄玉。

《说文解字》："瑧，冠的装饰物，常常套上玉制的帽。或从基作琪。"《周礼·弁师》："天子的皮弁，缝中青、黄、赤、白、黑五种颜色的玉琪。"郑众说："因此写会字作䯤，䯤读如马会的会，是说用五彩将头发卷束成一个发结。琪读如綦，车轮的綦。"《诗经》："会弁如星。"《毛诗故训传》："弁，皮弁，会是用来束发的。"郑玄《笺》："会为弁的缝中，用玉装饰。"与毛大公、许慎、郑众解释的会字都不符合。大澂以为瑧是使帽子戴端正的玉，饰于弁的缝结处。像璧而比璧小，大的象日月，小的象星，因此说："会弁如星。"郑玄的说法是正确的。

【点评】

以上说瑧。瑧字也写作綦或璂。上古狩猎为主要生活来源之一，食肉之余，兽皮在冬天御寒，所以常戴皮弁。天子诸侯、王公贵族有权有势，自然又要与百姓不一样而高贵其饰的，则又于缝制皮弁时在两片交结处施以玉饰，称作瑧。事见于古代多种文献的记载或说明，如《周礼·夏官司马·弁师》："王之皮弁会五采玉瑧，象邸玉笄。"郑玄《注》："瑧读如薄借綦之綦。綦，结也。皮弁之缝中，每贯结五彩玉十二以为饰，谓之綦。"赵汝珍《古玩指南·玉器》也说："弁上之结饰也。古吉礼之服用冕，通常礼服则用弁，状如两手相合抃时，其缝合之处谓之会，会有结饰，以五采玉缀之，谓之瑧，亦作綦。天子之冠十二会则十二瑧，以次递降，为贵贱之等。"这个"以次递降"的层次由高到底是：天子十二瑧（贯玉十二条缝中）用五彩玉；侯、伯饰七瑧，子、男饰五瑧，皆三彩玉；以下则孤饰四瑧，卿饰三瑧，大夫二瑧皆二彩玉；士的弁冠则无饰。总之，儒家向往的三代社会中，连戴帽子都有如此之多的等级规定，可见老百姓的日子也是不好过的了。

瑱

瑱^①：白玉，璊斑。（图129）

《诗·淇奥》："充耳琇莹。"^②毛《传》："充耳谓之瑱。琇莹，美石也。天子玉瑱，诸侯以石。"《君子偕老》："玉之瑱也。"《传》："瑱，塞耳也。"《周礼·弁师》："诸侯缫斿^③，皆就玉瑱、玉笄^④。"郑《注》："玉瑱，塞耳者。"余所得古玉瑱，上作璊玉色，下半纯白，盖入土既久，色泽古雅可爱，即古之充耳也。陈氏《诗疏》引《大戴礼·子张问入官》篇^⑤："黈纩塞耳^⑥，所以弇聪也^⑦。"卢《注》引《礼纬·含文嘉》^⑧："以县纩垂旒为闭奸声^⑨，弇乱色^⑩。"《传》谓"瑱为塞耳"义取诸此。《说文》："瑱，或从耳作䣭。"

瑱：白玉，璊斑。（图100）

瑱：乾黄玉。（图101）

瑱：璊玉。（图132）

瑱：白玉，黄晕。（图133）

【注释】

①瑱（tiàn）：古人冠冕上分垂于两耳侧的玉饰，美玉。

②《诗·淇奥》："充耳琇莹"：出自《诗经·卫风·淇奥》。这首诗赞美德才兼备、宽和幽默的君子，充分展示了男子真正的美在于气质品格，才华修养，表达对其难忘之情。充耳，古代挂在冠冕两旁的饰物，下垂及耳，可以塞耳避圻。琇莹，美石。

③缫（sāo）：古同"藻"，古代帝王冕上系玉的五彩丝绳。

④斿（liú）：古同"旒"，古代帝王礼帽前后悬垂的玉串。玉笄，玉质的簪子。亦指玉饰的簪子。

图129　　　　图130　　　　图131　　　　图132　　　　图133

⑤《大戴礼·子张问入官》：《大戴礼记》第六十五篇篇名。该篇讲述为仕之道。《大戴礼记》，十三卷。汉戴德编。戴德，字延君。梁治（今河南商丘）人。曾任信郡王刘嚣太傅。宣帝时曾立为博士，称"大戴"，也叫"太傅《礼》"，为当时今文礼学"大戴学"之开创者。

⑥黈纩（tǒu kuàng）：黄绵所制的小球。悬于冠冕之上，垂两耳旁，以示不妄听是非。

⑦弇聪：即掩聪，闭塞听闻。弇，古同"掩"。

⑧卢《注》：东汉卢植（？—192）注。卢植，字子幹。涿郡涿县（今河北涿州）人。东汉末年经学家。另著有《尚书章句》、《三礼解诂》等。《礼纬·含文嘉》：《礼纬》之一种。礼本质而含文，是文明的标志，乃嘉美的集中体现，故名《含文嘉》。《礼纬》，以神学迷信解释《礼》的作品。作者隐名埋姓，假托神意，自称为神之启示。纬与经相对，系"经之支流，衍及旁义"。

⑨县纩（xuán kuàng）：悬挂绵絮，以象征不听信奸邪之声。县，悬挂。纩，古同"纩"，绵絮。垂旒：古代帝王贵族冠冕前后的装饰，以丝绳系玉串而成，以象征不受乱色

⑩乱色:杂乱不正之色。

【译文】

瑱:白色玉,红色斑纹。

《诗经·淇奥》:"充耳琇莹。"《毛诗故训传》:"塞耳朵的称为瑱。琇莹,就是美石。天子用玉瑱,诸侯用石瑱。"《诗经·君子偕老》:"玉的瑱啊。"《毛诗故训传》:"瑱,塞耳的东西。"《周礼·弁师》:"诸侯冠冕上的藻和旒,都配合玉瑱和玉笄。"郑玄《注》:"玉瑱,塞耳朵的东西。"大澂所得古玉瑱,上半为红色玉,下半玉色纯白,当是埋入土中时间已久,色彩光泽古雅,令人喜爱,就是古代的充耳了。陈奂《毛诗传疏》引《大戴礼·子张问入官》篇中说:"以黈纩塞耳,是为了用它们来闭塞听闻。"卢植《注》引《礼纬·含文嘉》:"以悬絮塞耳和垂玉串遮眼以拒绝奸邪不正的音声和杂乱的颜色。"《毛诗故训传》说"瑱为堵住耳朵"的意义就取之于此。《说文解字》:"瑱,或从耳作珥。"

瑱:白色玉,红色斑纹。

瑱:乾黄玉。

瑱:红色玉。

瑱:白色玉,黄色光影。

【点评】

以上说玉瑱,古人悬垂于冠冕两侧以备塞耳的玉器。《诗经·鄘风·君子偕老》:"玉之瑱也,象之揥也。"毛《传》:"瑱,塞耳也。"《周礼·夏官司马·弁师》:"诸侯之缫斿九就,瑉玉三采,其余如王之事,缫斿皆就玉瑱、玉笄。"郑玄《注》也说:"玉瑱,塞耳也。"可见在这件玉器的认识上诸家没有什么不同。而《文献通考》:"陈氏曰,瑱以充耳,纮以垂瑱。《周官·弁师》:'天子五冕皆玉瑱。'……则瑱不特施于男子也,妇人亦有之,不特施于冕也,弁亦有之。"说明古代不仅天子诸侯、公卿大夫,而且普通男女也用瑱以塞耳,似乎非常普遍。但实际的情况恐怕更多是为了装饰,而不是为了遮目塞听。否则,大家动不动把眼睛和耳朵闭塞起来，大概也不成体统。所以那志良《中国古玉图释》考证，认为瑱是耳饰，它的垂挂方法有二：一是垂在冠旁，正当耳孔之际；一是垂在耳上，所以又有人称此为"耳坠"。此物在近世考古中于上海青浦区福泉山墓葬、巫山大溪新石器时代遗址及广东曲江石峡墓葬中都有发现。

衡笄

衡笄[1]：笄，一名簪。白玉，黄晕。（图134）

衡笄：白玉，有土绣。（图135）

《诗》："副笄六珈。"[2]《传》："笄，衡笄也。"《周礼·追师》："追衡笄[3]。"郑司农云："追，冠名[4]……衡，维持冠者。"陈氏《疏》曰[5]："男子冠无笄[6]，而冕弁有笄[7]。"冕笄用衡笄，以玉为之。所以维持冕也。《说文》："笄，簪也。先[8]，首笄也，俗作簪。"

图134　　图135

【注释】

①衡笄：横簪。

②《诗》："副笄六珈"：出自《诗经·鄘风·君子偕老》。副笄，古代贵族妇女的头饰。编发为假髻称副，假髻上所插的簪因称副笄。六珈，六个珈。珈，上古贵族妇女发簪上的玉饰。因地位不同而珈数多寡不一，"六珈"为侯伯夫人发式。

③追衡笄：《周礼·天官冢宰·追师》"追衡笄"下郑众《注》："追，冠名。"于文意似有不合。而郑玄《注》曰："追，犹治也。"治

即雕刻，雕琢。衡笄，即横簪。郑玄《注》更为可取。

④冠：弁和冕的总名。

⑤陈氏《疏》：指清陈奂撰《毛诗传疏》。

⑥男子：古称无官爵的成年男人。

⑦冕弁：冕和弁。均为古代帝王、诸侯或卿、大夫所戴的礼帽。

⑧先（zān）：古同"簪"。

【译文】

横笄：笄，又名簪。白色玉，黄色光影。

横笄：白色玉，有土绣斑纹。

《诗经》："假发上插有六个玉笄。"《毛诗故训传》："笄，横簪。"《周礼·追师》："雕治横簪。"郑众说："追，弁冕的名字……衡，固定帽子的饰品。"陈奂《毛诗传疏》说："无官爵成年男子的帽子没有簪，而帝王、诸侯、卿、大夫所戴的礼帽都有簪。"帝王、诸侯、卿、大夫所戴的礼帽上的簪是横簪，用玉制成，用来固定礼帽。《说文解字》："笄，就是簪。先，就是头发上插的笄，俗称簪。"

【点评】

以上说衡笄，即横笄，也就是今天的簪子，插定发髻或弁冕的长针。古代女子不冠冕，所以女用的笄只起固定发髻和装饰的作用；男用的则不然，要将冠冕与头发一起插定，还要在笄的两端设孔各系带结于颔下，使冠冕戴得端正牢靠。无论男女用笄，插起来都是个细活，天子诸侯公卿大人及其妃嫔妻妾们，又要讲究，又不舍得出力，往往都要设专人侍候此事，在周天子就是列于《周礼·天官冢宰》的"追师"。这个官职略等于后世西方小说中常常提到宫廷的

玉簪
明代 北京故宫博物院藏

衣帽官,可见东方、西方的统治者,都要有他人侍候冠冕的事,这点是一样的。

考古发现表明,衡筓的使用甚早,初始多以兽骨、竹木制成,后渐渐开始讲究质地和工艺,代之以玉石、金银、编、珠宝等,雕刻精致,花式繁多,成为古代头饰中重要的一类。殷墟妇好墓出土的古筓作夔形或鸟形,以兽骨制成,可称今存古筓的典型,是研究古代妇女头饰的珍贵标本。

漆书笔

漆书笔[1]:璊玉。(图136)

古 文 聿 字 , 有 作 者 , 亦 作 、 。 窃 疑 古 之 不 律[2]。 旁 有 两 县 针[3], 惜 不 得 见 耳 。

父 乙 角[4], 文 有 字 。 陈 寿 卿 丈 曰[5]:"肘 有 悬 聿[6], 犹 后 世 之 橐 笔[7]。"是 玉 四 方 而 锥 首, 相 传 以 为 漆 笔, 无 可 考 证, 姑 从 旧 说 。

图136

【注释】

①漆书:古人用漆作书,故称漆书。元代吾邱衍《学古编·三十五举》:"上古无笔墨,以竹挺点漆书竹上。"由于漆性黏稠,书写时,起笔处多呈圆头形,而行笔出现纤细笔画,形似科斗,因而又名"科斗书"。

②不律:笔。《尔雅·释器》:"不律谓之笔。"郭璞《注》:"蜀人呼笔为不律也,语之变转。"

③县(xuán)针:书法中称竖画的名词之一。凡竖画下端出锋的,其锋如针之悬,故称"悬针"。县,悬挂。《隋书·经籍志一》:

"汉时以六体教学童,有古文、奇字、篆书、隶书、缪篆、虫鸟,并藁书、楷书、悬针、垂露、飞白等二十余种之势,皆出于上六书,因事生变也。"

④父乙角:商末周初青铜饮酒器。上有盖,盖顶有脊,脊的中部有桥形钮。器口呈橄榄形,颈部收敛,腹壁微鼓。一侧有首状,圆底,三棱锥状足。盖与器身饰以雷纹衬底的饕餮纹与蕉叶。盖内与器身壁对铭12字:"晨肇贮用作父宝尊彝册。"1986年河南信阳浉河港有出土,现藏河南省博物馆。

⑤陈寿卿丈:即陈介祺(1813—1884)。字寿卿,又字酉生,号伯潜、簠斋。晚年别署齐东陶父、海滨病史。潍县(今山东潍坊)人。清代金石学家。著有《十钟山房印举》、《簠斋吉金录》等。丈,古代对老年男人的尊称。

⑥悬聿:即悬笔,悬肘运笔。聿,古代称笔,用笔写文章。

⑦橐(tuó)笔:古代书史小吏,手持囊橐,簪笔于头,侍立于帝王大臣左右,以备随时记事,称作持橐簪笔,简称"橐笔"。

【译文】

漆书笔:红色玉。

古文聿字,有作 的,也有作 、 的。大澂怀疑是古代的笔。旁边有两个竖画,可惜没有见到。

父乙角,文字中有 字。陈介祺先生说:"悬肘运笔,就像后世的橐笔。"这件玉器四方形而有尖头,相传认为是漆笔,无从考证,暂且依从旧时说法。

【点评】

以上说漆书笔,简称漆笔,即悬针状玉制的笔。作者就所得实物,自古文字入手考证,并引陈寿卿之说,倾向于认为"玉四方而锥首"的为漆书笔,但结论仍存疑。由此可见作者审慎的态度,而其书因此更具学术价值。

璲

璲一：白玉，满身璮斑，间带土斑。（图137）

璲二：白玉，有璮斑。（图138）

璲三：玉色纯白。（图139）

璲四：白玉，有黑晕文。（图140）

璲五：玉色纯黑。（图141）

璲六：白玉，浅璮色。（图142）

璲七：玉色纯白。（图143）

璲八：白玉，黄晕。（图144）

右佩，俗名"昭文带"。吕氏《考古图》、朱泽民《古玉图》皆谓之璂，非也。璂，乃剑鼻之名。今好古家所藏剑鼻甚多，与此绝不相似。大澂以为革带之佩玉，中有方孔，所以贯带系组于其下。故上下皆微卷向内，与组带相连属，即《诗·大东》"鞙鞙佩璲"之璲，其所系之组，即谓之繸①。《尔雅·释器》："璲，瑞也②。繸，绶也③。"《注》云："繸，即佩玉之组。"所以连系瑞玉者，因通谓之繸，此璲必有繸之证。珩、璜皆横佩，而璲则下垂，故曰："鞙鞙佩璲，不以其长④。"与《芄兰》之"容兮遂兮⑤！垂带悸兮⑥！"皆言佩之下垂也。毛《传》："佩玉，遂遂然垂其绅带⑦，悸悸然有节度⑧。"陈氏《疏》云："遂遂与《大东》鞙鞙同。"盖古文璲、繸皆作遂，故《说文·玉部》无璲字，《系部》亦无繸也。（昭文带之名，疑亦古称，特不知所出。）陈氏《芄兰疏》云："古者有大带，又有革带。革带服于要⑨。大带用组系结于纽。革带所以系佩，大带所以束衣。"此玉当即佩于要间革带之端，专为系组而设。故组玉皆称遂，不与杂佩等也。

图137

图138

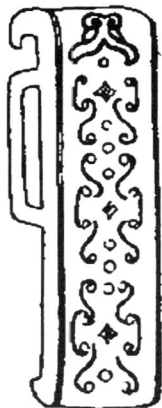

图139

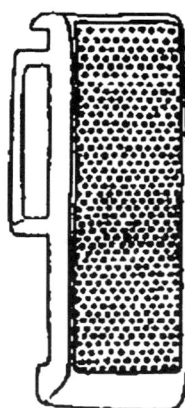

图140

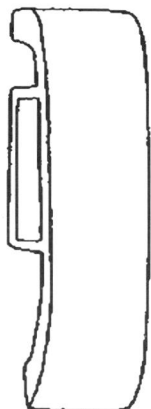

图141

图142

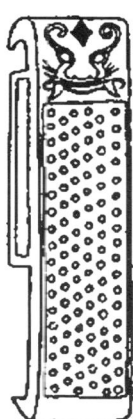

图143

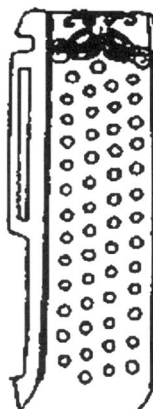

图144

【注释】

①缫：古代贯穿佩玉的带子。

②瑞：古代作为凭信的玉器。

③绶：丝带。古代用以系佩玉、官印等。

④鞙鞙（juān）佩璲（suì），不以其长：出自《诗经·小雅·大东》。鞙鞙，形容玉圆（或长）的样子。璲，贵族佩带上镶的宝玉。以，因。长，善。郑《笺》："佩之鞙鞙然，居其官职，非其才之所长也，徒美其佩而无其德，刺其素餐。"

⑤容兮遂兮：大摇大摆鸣得意呵！容、遂，舒缓放肆的情态。

⑥垂带悸兮：束带垂垂风中吹。悸，衣带飘动的样子。

⑦遂遂：安舒的样子。

⑧悸悸：下垂的样子。节度：规则，分寸。

⑨服：系。要：同"腰"。

【译文】

璲一：白色玉，全身红色斑纹，中间带有土色斑纹。

璲二：白色玉，有红色斑纹。

璲三：玉色纯白。

璲四：白色玉，有黑色光影。

璲五：玉色纯黑。

璲六：白色玉，浅红色。

璲七：玉色纯白。

璲八：白色玉，黄色光影。

右边的佩玉，俗称"昭文带"。吕大临的《考古图》、朱泽民的《古玉图》都称其为璏，是不对的。璏是剑鼻的名称。如今爱好古物的人收藏剑鼻很多，与这件绝不一样。大澂认为这是革带的佩玉，中间有方孔，所以穿过革带在下面系住。因此上下都向内微卷，与丝织系带相互连接，就是《诗经·大东》"鞙鞙佩璲"的璲，它所系的丝带，就称为缳。《尔雅·释器》："璲，古代作为凭信的玉器。缳，丝带。"《注》说："缳，就是系佩玉的丝带。"用来连系瑞玉的，所以全部称为缳，这件璲一定有缳的特征。珩、璜都是横佩，而璲则下垂，所以说："圆圆宝玉佩身上，不因才德有专长。"与《芄兰》的"大摇大摆鸣得意呵！束带垂垂风中吹！"都是说佩下垂的。《毛诗故训传》："佩玉，遂遂然垂其绅带，悸悸然有节度。"陈奂《毛诗传疏》说："遂遂与《大东》的鞙鞙相同。"大概古文璲、缳都作遂，因此《说文解字·玉部》没有璲字，糸部也没有缳字。（昭文带的名字，怀疑也是古时名称，只是不知道从何而出）。陈奂《芄兰疏》说："古代的人有大带，又有革带。革带系于腰，大带用丝带系结成纽。革带用来系玉佩，大带用来扎腰缚衣服。"这件玉应当是佩于腰间革带的一头，专为系丝带而设。所以整个一组玉都称遂，不和连缀在一起的各种佩玉一样。

【点评】

以上说璲，俗称昭文带，佩玉之一。作者据所得实物，参考《诗经》等经典所载及相关注疏，驳正吕大临的《考古图》、朱泽民的《古玉图》以璲为瑵之误，揭示其为璲的造型及用途特征，论据确凿，分析精当，足可以服人。但仍有存疑者，即文中作者自注璲俗称"昭文带之名，疑亦古称，特不知所出"。其实相关疑问还有《水浒传》写宋江、何清等都有"招文袋"，与"昭文带"音同，不知二者有何种关系？待考。

玉钩

玉钩[①]：白玉，满身璃斑。（图145）
玉钩：玉色纯白。（图146）
玉钩：白玉，黄晕。（图147）

【注释】

①玉钩：即玉带钩。带钩，束腰革带上的钩。

【译文】

玉带钩：白色玉，全身红色斑纹。

玉带钩：玉色纯白。

玉带钩：白色玉，黄色光影。

【点评】

以上说玉钩，但玉钩在古代有多种用途，如钩束门帘等，诗文中还常常用以比喻斜月。所以这里所说玉钩准确说只是玉带钩，为带钩的一种。带钩是古代贵族、武士和文人系于腰带的挂钩。起源于西周，战国至秦汉广为流行。带钩多为青铜铸造，也有用金或玉的，分别称铜钩、金钩或玉钩。以玉带钩最为名贵。带钩的结构为钩头、钩柄、钩体，基本形制侧视为

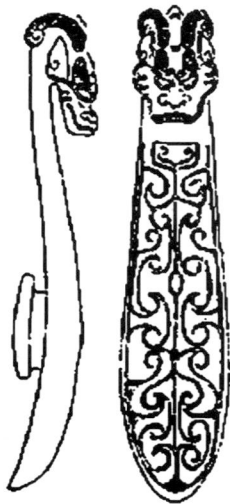

图145

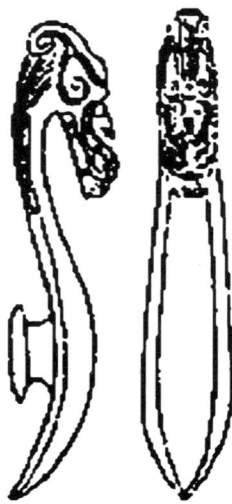

图146

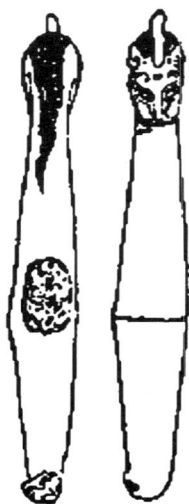

图147

"S"形。钩体中部或下
端有钩柄，固定于皮带
的一头，上端的钩头，钩
挂皮带的另一头。古代
士人以上服饰往往博衣
大带，带钩是必需之物，
于是发生有关带钩的故
事。最著名是《史记·齐
太公世家》记载：春秋
时齐国管仲追赶公子小
白，用箭射中公子小白
的带钩，公子小白装死，
躲过了这场灾难。后来公子小白成为齐国的国君，却不记前仇，重用管仲，终于完成霸业。

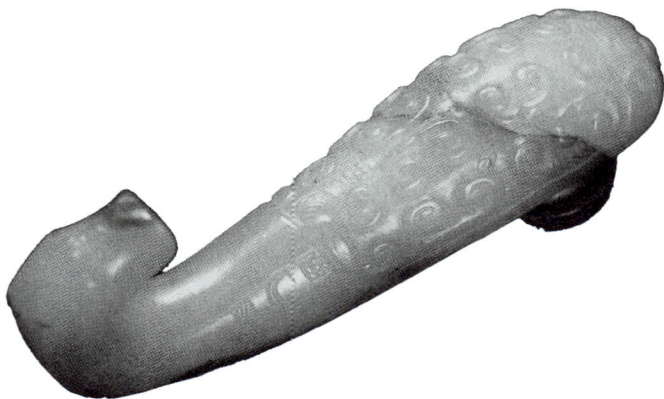

玉带钩
战国早期　湖北省博物馆藏

玉佩

龙文佩：白玉，瑂斑。（图148）

虬文佩：绿玉，瑂斑。（图149）

龙文佩：白玉，黄晕，有土斑。（图150）

藻文佩：白玉，瑂斑。（图151）

龙文玉：青玉，满身土斑。此非佩玉也，制作甚古，不知何所施？（图152）

云文佩：白玉，黑文。俗名鸡心佩，无可考。（图153）

图148

图149

图150

图151

图152

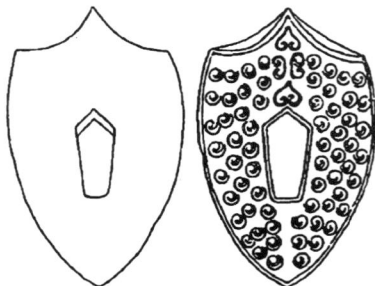

图153

【译文】

龙文佩：白色玉，红色斑纹。

虬文佩：绿色玉，红色斑纹。

龙文佩：白色玉，黄色光影，有土色斑。

藻文佩：白色玉，红色斑纹。

龙文玉：青色玉，全身土色斑。

这个不是佩玉，制作很古，不知道做什么用的。

云文佩：白色玉，黑色纹。

俗称鸡心佩，无法考证。

【点评】

以上说多种纹饰的玉佩，却无多考论，有的属于作者当时无可考证，所以说明均极简略。所谓知之为知之，不知为不知，是知也。大量的历史之谜可能永远无法解开，但随着考古研究的发展，有些问题还是渐渐有了答案，或有了新的认识。如鸡心佩，顾名思义，是状如鸡心的佩饰。据说是由射箭用的扳指演变而来，大约在弓箭发明后不久就出现了。西周时期已经非常流行，战国两汉发展到顶峰，出现了许多纹饰精美的造型，有的流传至

玉佩
战国早期　河南省文物研究所藏

玉双龙佩
战国中期　中国历史博物馆藏

今。但两汉以后不知何故逐渐衰落了。

古
玉
图
考

玉瓅

方瓅[1]：石之似玉者，有土斑，俗名蓍草玏。（图154）

《说文》："玲瓅，石之次玉者。"段《注》云："瓅、玏同字。"

圜瓅：玉色纯赤。（图155）

俗名稳步玏，疑是马鞭之柄。

图154　　　　图155

【注释】

①瓅：音lè。

【译文】

方瓅：石头像玉的，有土色斑纹，通俗的名称为蓍草玏。《说文解字》："玲瓅，石头中次于美玉的。"段玉裁《说文解字注》："瓅和玏是同一个字。"

圜瓅：玉的颜色纯红。

通俗名称为稳步玏，怀疑是马鞭的把柄。

【点评】

以上说方瓅、圜瓅，均为玉勒，又称蜡子、勒子，即"勒玉"。"勒玉"是后来的名称。通常又称"管"、"坠"或"柱形器"。可单独为佩，也可与其他玉饰组合挂佩，有的还可镶嵌在器物上。圆勒子有圆柱形

白玉兽面纹扁勒
西周早期　天津市艺术博物馆藏

的,有两头粗中间细的,也有中间粗两头细如橄榄形的,或一头粗一头细的喇叭形、秤砣形的等。方勒子为方柱形,与琮相似,只是大小不同。有人认为琮是勒子的放大,或勒子是琮的缩小。但考古发掘中方勒子与琮常是同地出土,故二者之间似不存在相仿的问题。

玉马

玉马:青玉,水银浸。(图156)

【译文】

玉马:青色玉,有水银浸渍的痕迹。

【点评】

以上记载玉马。玉马也是历史悠久,考古中始见于商代,但数量极少,造型多呈扁平状。

图156

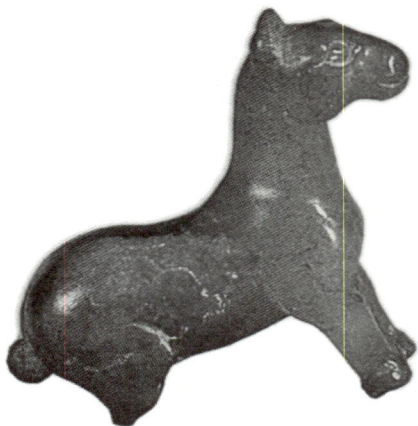

玉马
西汉中期　山东巨野县文物管理所藏

战国时的玉马为圆雕，线条也变得遒劲有力，转折自然，马的造型开始立体化。汉代玉马造型大气，雕琢有著名的"汉八刀"之法，使玉马造型逼真，线条刚劲有力。至唐宋时期，玉马的雕刻趋向写实，刀法圆润，形神兼备。元代的玉马长鬃小耳，雕刻线条粗犷有力。明代的玉马则往往比例失调，线条粗糙。清代玉马的雕工细腻，线条柔和，刚劲不足，柔和有余。这就是所谓一代有一代之艺术，而艺术也因此而变化无穷，丰富多彩。

琀

琀①：白玉。（图157）

琀：白玉，璊斑。（图158）

《说文》："琀，送死口中玉也。"《典瑞》曰："大丧②，共饭玉、含

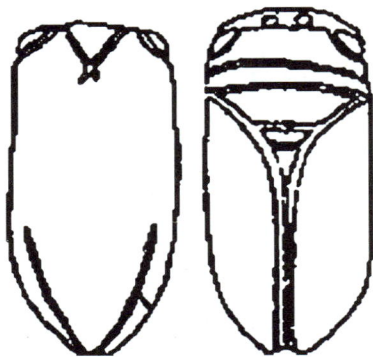

图157

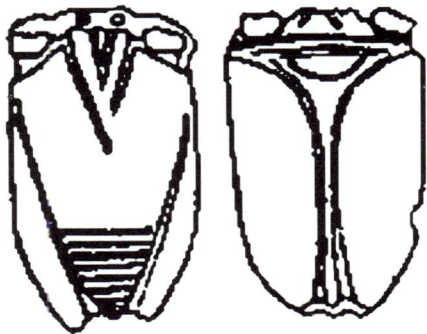

图158

玉^③。"《注》："含玉，柱左右颠及在口中者^④。"今世所传古玉蝉^⑤，往往无孔，不能佩，皆古之含玉也。其有孔者，为后人所凿，好古家多能辨之。

【注释】

①玲（hán）：古代丧礼放在死者嘴里的珠玉等。

②大丧：指帝王、皇后、世子之丧。

③共（gōng）：同"供"，供给。饭玉：古代丧礼中用以纳于死者之口的碎玉杂米。含玉：古代丧礼中以玉置于死者之口中左右齿床。与饭玉同时进行。

④柱：齿床。颠：龇齿，白齿。

⑤玉蝉：古玉器名。古代含在死者口中的葬玉，因多刻为蝉形，故名"玉蝉"。

【译文】

玲：白色玉。

玲：白色玉，红色斑纹。

《说文解字》："玲，送往死者口中的珠玉。"《周礼·典瑞》载："帝王、皇后、世子去

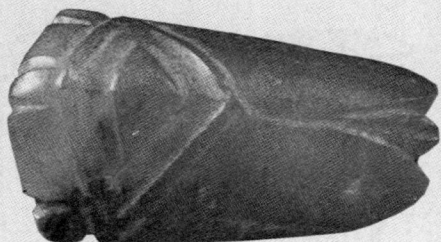

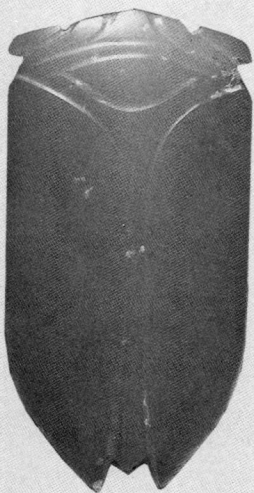

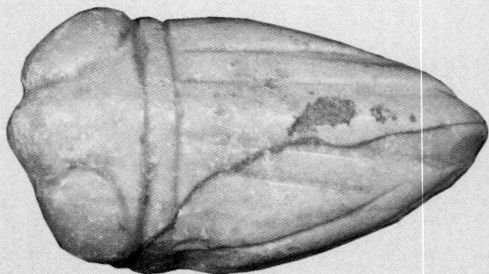

①玉蝉
　　商代晚期　山西省考古研究所藏
②玉蝉
　　西汉　河南省商丘博物馆藏
③玉蝉
　　商代晚期　中国社会科学院考古研究所藏
④玉蝉
　　商代晚期　河北省文物研究所藏

①	③
②	④

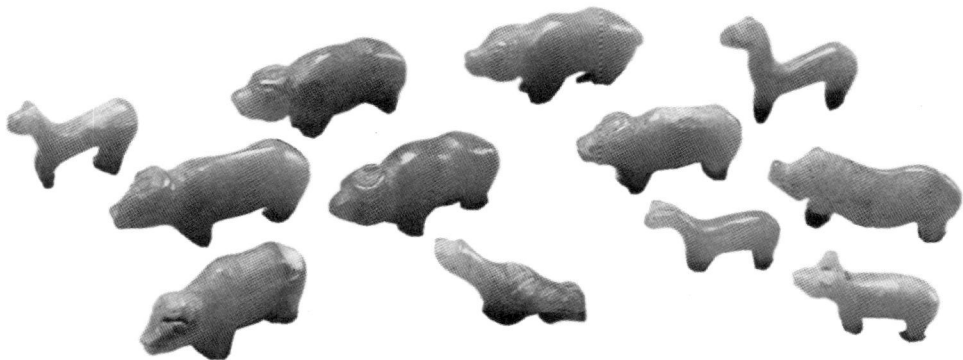

玉琀
战国早期　湖北省博物馆藏

世，供给饭玉、含玉。"《注》："含玉，齿床左右臼齿及在口中的玉。"现在世间所流传的古玉蝉，常常没有孔，不能佩带，都是古代的含玉。其中有孔的，是后来人所凿，爱好古物的人大都能够辨别出来。

【点评】

　　以上说琀，即琀玉。琀玉是古代丧礼给死者含在口中的玉器，大都制成蝉形，称玉蝉。琀玉做成蝉形，有学者认为由于蝉的幼虫入土后变为蛹，出土以后又变成蝉，人们以此寄希望于死者的灵魂脱离尸体后又会开始其新的生命，也就是希望死者能如蝉一样"蝉蜕"复生，灵魂延续。这种想法现在看来很幼稚，也很可笑，但其所透露对逝者的生命关怀依然感人。

玉律管

玉律管^①：白玉，璘斑。（图159）

《说文》："琯^②，古者玉琯以玉。舜之时，西王母来献其白琯^③……前零陵文学姓奚^④，于伶道舜祠下得笙玉琯……夫以玉作音，故'神人以和^⑤，凤皇来仪也^⑥'。"薛尚功《钟鼎彝器款识》有"玉律管"^⑦，引《汉书》："律管，古用玉。王莽始建国元年正月癸酉朔日改用铜^⑧。"余得始建国元年无射律管铜制者^⑨，与此相类。

图159

【注释】

①律管：用竹管或金属制成的定音器具。《六韬·五音》："夫律管十二，其要有五音：宫、商、角、徵、羽。"

②琯：同"管"，古代管乐器，用玉制成，像笛，六孔。

③西王母：一说古国名。《尔雅·释地》："觚竹、北户、西王母、日下，谓之四荒。"郭璞《注》："西王母在西，皆四方昏荒之国。"一说西域古国女主。《山海经·大荒西经》："西海之南，流沙之滨，赤水之后，黑水之前，有大山，名曰昆仑之丘。有神，人面虎身，有文有尾，皆白，处之。其下有弱水之渊环之，其外有炎火之山，投物辄然。有人，戴

玉管
西周中期　陕西省宝鸡市博物馆藏

玉管
战国晚期　安徽省文物考古研究所藏

玉管
春秋晚期　河南省文物研究所藏

胜，虎齿，有豹尾，穴处，名曰西王母。此山万物尽有。"白琯：古乐器。玉管。

④零陵：古地名。在今湖南宁远东南。相传舜帝葬于此。文学：官名。汉代于州郡及王国置文学，或称文学掾，或称文学史，为后世教官所由来。三国魏武帝置太子文学，魏晋以后有文学从事。唐初于州县置经学博士，德宗时改称文学，宋以后废。奚：奚璟。

⑤神人以和：出自《尚书·舜典》，谓神与人因（乐舞）而和谐。

⑥凤皇来仪：出自《尚书·益稷》，谓凤凰来参加仪式，是古代吉祥的征兆。

⑦薛尚功《钟鼎彝器款识》：二十卷，宋薛尚功撰。薛尚功，字用敏。钱塘（今浙江杭州）人。宋金石学家、文字学家。另著有《广钟鼎篆韵》七卷，今佚。

⑧王莽始建国元年正月癸酉朔日：王莽代汉自立是在初始元年（9）十二月朔癸酉改元，为始建国元年正月之朔。始建国元年正月是己巳，朔日即农历初一。始建国，王莽新朝的第一个年号（9—13）。朔日，中国农历每月的初一。

⑨无射：古代乐器的度数之一。《周礼·春官宗伯·典同》："凡为乐器，以十有二律为之数度。"分为阴阳两类，奇数六律：黄钟、太簇、姑洗、蕤宾、夷则、无射，称阳律；偶数六律：大吕、夹钟、中吕、林钟、南吕、应钟，称阴律。无射在十二律中排序第九。

【译文】

玉律管：白色玉，红色斑纹。

《说文解字》："琯，古代用玉制作玉管。舜的时代，西王母国来进献白管……前零陵奚璟文学，在伶道大舜祠庙下得到笙玉管……它用玉管发音，所以'神与人相互和谐，凤凰也来参加仪式'。"薛尚功《钟鼎彝器款识》载有"玉律管"，援引《汉书》："律管，古代用玉制作。王莽始建国元年正月初一改用铜制作。"大澂得到始建国元年无射律调的管，用铜制作的，与这支玉律管差不多。

【点评】

以上说玉律管。玉律管是律管的一种。律管是以管的发音来调校音高的标准器，根据气柱振动发音的原理，在管口校正的前提下推算出各律的音高。管的发音虽然受用气与温、湿度等因素影响，但较之弦律，音的稳定性更强一些。因此，古人无论采用管律还是弦律来计算音律，其出发律黄钟的音高皆以律管为准。律管按制作材料分有竹律、铜律、玉律等；按用途分有竿律、笛律等。该标准器为多管制，一管一音。律管的起源甚早。据《吕氏春秋·古乐》："昔黄帝令伶伦作为律。"伶伦取昆仑山谷之竹制成十二管，听凤凰之鸣以别十二律。《史记·律书》载："武王伐纣，吹律听声。"汉蔡邕《月令章句》说："律者，清浊之率法也。声之清浊，以律长短为制。"古代律管的存世和有关文献记载共同证明了我国古人对乐律的研究起步甚早，造诣甚高，对人类文明做出了重大贡献。

玉钵

玉钵①：白玉，满身土斑，此古钵之最大者②。

旧藏南浔顾子嘉处③，徐翰卿以诸女方尊易得之④，今归窸斋。（图160）

🔲疑即宗妇敦🔲字之异文⑤，国名也。🔲即将🔲从水从玉，或即渠字之湆⑥，🔲与龙节🔲字相似，变🔲为🔲，乃六国时诡异之文⑦。

玉钵：黄玉。（图161）

玉钵：白玉，水银浸。（图162）

玉钵：白玉，黄晕。（图163）

玉钵：白玉。（图164）

玉钵：白玉。（图165）

玉钵：白玉，水银浸。（图166）

玉钵：白玉。（图167）

玉钵：青白玉，钮有璃斑。（图168）

玉钵：白玉，璃色。（图169）

玉钵：白玉，黄晕。（图170）

玉钵：赤玉。（图171）

玉钵：白玉，满身土斑。（图172）

玉钵：黑玉。（图173）

玉钵：山元玉。（图174）

玉钵：玉色纯白。（图175）

玉钵：玉色纯黑。（图176）

图160

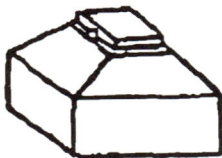

图161

图162

图163

图164

图165

图166

图167

图168

图169   图170   图171   图172

图173   图174   图175   图176

【注释】

　①玉钵（xǐ）：玉玺。玉制印章。钵，古同"玺"。

　②古钵：古玺。古代的印章。

　③南浔：今浙江湖州南浔区。顾子嘉：本书作者吴大澂的朋友，吴兴（今浙江湖州吴兴区）人。具体不详。

　④诸女方尊：不详，待考。尊，商周时期的青铜酒器，一般为圆形。也有方形的，称方

尊。据报道，今见青铜方尊1990年出土于安阳殷墟郭家庄第一六零号商墓，由中国社会科学院考古研究所收藏。

　　⑤宗妇敦：春秋时期彝器。

　　⑥渻（shěng）：古同"省"。

　　⑦六国：指战国时位于函谷关以东的齐、楚、燕、韩、赵、魏六国。

【译文】

　　玉印：白色玉，全身土色斑，这是古印中最大的。

　　过去收藏于南浔顾子嘉处，徐翰卿用诸女方尊换得，现在已归于我手。

　　🀆，可能是宗妇敦🀆字的异体，国家的名号。🀆即将🀆从水从玉，也许就是渠字的省文，🀆与龙节🀆字相类，变🀆为🀆，这是战国时六国怪异的文字。

　　玉印：黄色玉。

　　玉印：白色玉，有水银浸渍的痕迹。

　　玉印：白色玉，黄色光影。

　　玉印：白色玉。

　　玉印：白色玉。

　　玉印：白色玉，有水银浸渍的痕迹。

　　玉印：白色玉。

　　玉印：青白色玉，钮上有红色斑纹。

　　玉印：白色玉，红色。

　　玉印：白色玉，黄色光影。

　　玉印：红色。

　　玉印：白色玉，全身土色斑纹。

　　玉印：黑色玉。

　　玉印：山玄玉。

玉"皇后之玺"印
西汉前期　陕西省博物馆藏

玉印：玉色纯白。

玉印：玉色纯黑。

【点评】

　　以上说玉玺，玉玺是皇帝的玉印。秦朝以前称印为玺或钵、钤，以金、玉、银、铜制成，尊鄙通用。秦始皇统一六国后，唯天子印用玉制，称玉玺。汉代皇后、皇太后、诸侯王及边疆少数民族首领的印，均可称玺，只是用金铸而不用玉制。后来，只有皇帝、皇后及皇太后等印可称玺，其他贵族官僚的印称为章、印、信，从而玉玺也就成了皇家专用的印信。高适《送虞城刘明府谒魏郡苗太守》诗说："天官苍生望，出入承明庐。肃肃领旧藩，皇皇降玺书。""玺书"就专称皇帝的诏书。

汉鸠杖首

汉鸠杖首一^①（图177）

汉鸠杖首二（图177）

【注释】

①鸠杖首：杖头刻有鸠形雕饰的拐杖。《太平御览》卷九二一引汉应劭《风俗通》："俗说高祖与项羽战，败于京索，遁薉薄中，羽追求之，时鸠正鸣其上，追者以鸟在，无人，遂得脱。后及即位，异此鸟，故作鸠杖以赐老者。"

【译文】

汉鸠杖首一

汉鸠杖首二

【点评】

以上说鸠杖首，也就是作为手杖头的鸠形扶手。而手杖因有鸠形扶手故，也被称为鸠杖。手杖的扶手做成鸠状的原因，据说是因为鸠为食物不噎之鸟，刻鸠纹于杖头，可望老者进食时防噎。同时鸠又是孝鸟，鸠字与九、久同音，所以也有祈福长生不老之意。

鸠杖在先秦时期是长者地位的象征，汉代更有老者赐玉杖的制度。《后汉书·礼仪志》

图177

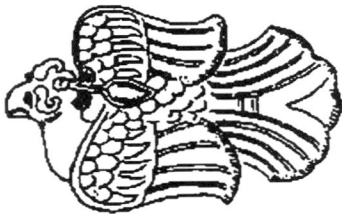

图178

载："仲秋之月，县道皆案户比民。年始七十者，授之以玉杖，餔之糜粥。八十九十，礼有加赐。玉杖长尺，端以鸠鸟为饰。鸠者，不噎之鸟也。欲老人不噎。是月也，祀老人星于国都南郊老人庙。"1981年甘肃武威发现的汉朝竹简《王杖诏令》载成帝诏曰："高皇帝以来至本始二年（前207—前72），朕甚哀怜耆老高年，赐王杖，上有鸠，使百姓望见之，比于节。吏民有敢骂詈者，逆不道。"又曰："年七十以上杖王杖，比六百石，入官府不趋。吏民有敢殴（殴）辱者，逆不道。"该《诏令》还记有若干案例，一者汝南平民王姓男子殴打持杖老人，后来被判斩首弃市，二者某乡官擅自扣留持杖老人被处斩首示众。这可能太过严苛了，但也确实有效地保障了老年人权益，促进汉代社会形成尊老、敬老的风气。

汉刚卯

汉刚卯一[①]（图179）

汉刚卯二（图180）

汉刚卯三（图181）

汉刚卯四（图182）

右，玉刚卯四，制作文字多相类。汉时市鬻之物[②]，略似镜。文中减笔假借，字文虽不精，可见汉人刻玉刀法。其字之清朗可读者[③]，大抵皆后人伪刻也。首句："酉月刚卯。"次句"央"下一字不可识。第三句"赤青白黄"，"青"、"黄"皆减笔。第四句"四色是当"与末句"莫我敢当"之"当"字正同。"帝命执成"借"只"为"执"，"庶疫刚瘅"借"月"为"疫"。惟第六句"卯"上三字，皆不可识。按《汉书·王莽传》注引服虔曰："刚卯，以正月卯日作佩之。长三寸，广一寸，四方。或用玉，或用金，或用桃，着革带佩之[④]。"晋灼曰："刚卯长一寸，广五分，四方。当

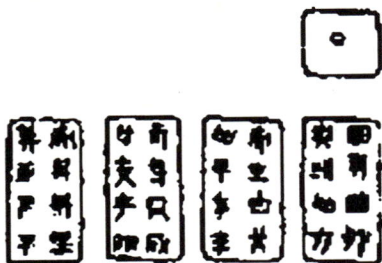

图179

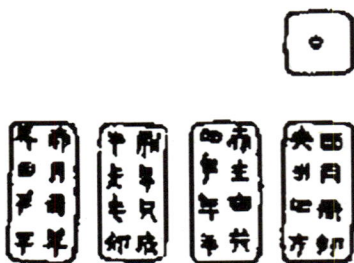

图180

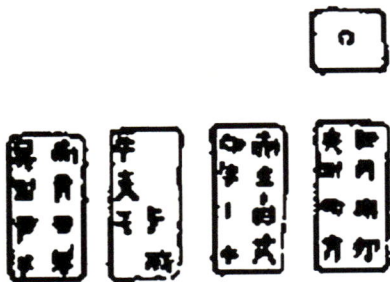

图181

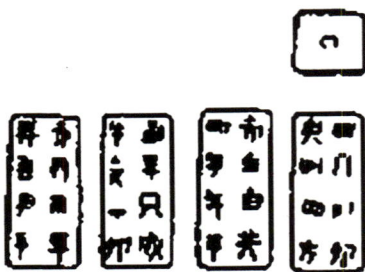

图182

中央从穿作孔，以采丝葺其底⑤，如冠缨头蕤⑥。刻其上面，作两行书。文曰：'正月刚卯既央，灵殳四方。赤青白黄，四色是当。帝令祝融，以教夔龙。庶疫刚瘅，莫我敢当。'"其一铭曰："疾日严卯，帝命夔化，顺尔固伏，化兹灵殳。既正既直，既觚既方，庶疫刚瘅，莫我敢当。"师古曰："今往往有土中得玉刚卯者，案大小及文⑦，服说是也⑧。"大澂所见玉刚卯，从无三寸长、一寸广者，似以晋灼之说为长⑨。颜是服说不可解⑩，恐有误字⑪。

【注释】

①刚卯：汉代人用以辟邪的佩饰。于正月卯日制成，以金、玉或桃木为材料，刻有辟邪内容的文字。

②市鬻（yù）：在市上出售。

③清朗：清晰疏朗。

④革带：皮做的束衣带。

⑤采丝：即"彩丝"。旧俗以彩丝为端午日应节之物。据汉应劭《风俗通》记载，五月五日以五彩丝系臂，可辟邪祟，又名"长命缕"、"续命缕"。葺（qì）：修饰。

⑥冠缨：帽带。结于颔下，使帽固定于头上。蕤（ruí）：指下垂的缨类装饰物。

⑦案：同"按"。

⑧服说：服虔的说法。

⑨长：优，正确。

⑩颜是服说：颜师古赞成服虔的说法。

⑪误字：错字，别字。

【译文】

汉刚卯一

汉刚卯二

汉刚卯三

汉刚卯四

以上四个玉刚卯，制作与文字大多相似。汉代市场售卖之物，大致像镜面之文，中有字作减省笔划或假借替代。文字虽然不够精美，但由此可见汉代人刻玉的刀法。这些字中清晰疏朗好读的，大都是后人造假刻的。第一句"酉月刚卯"，第二句"央"字下一字不认识，第三句"赤青白黄"中"青"、"黄"两字都减省了笔划，第四句"四色是当"与末句"莫我敢当"的"当"字正好相同。"帝命执成"借"只"字为"执"字，"庶疫刚瘅"借"月"字为"疫"字。只有第六句"卯"上三字都不可辨识。据《汉书·王莽传》注引服虔说："刚卯，在正月卯日制造并佩带。长三寸，宽一寸，四方形。或用玉，或用金，或用桃，系于皮做的束衣带上佩用。"晋灼说："刚卯长一寸，宽五分，四方形。正中央有孔，用彩丝修饰它的底端，像帽带下垂的缨类装饰物。在它的上面雕刻，写作两行文字。文字为：'正月刚卯既央，灵殳四方。赤青白黄，四色是当。帝令祝融，以教夔龙。庶疫刚瘅，莫我敢当。'"其中一个的铭文为："疾日严卯，帝命夔化，顺尔固伏，化兹灵殳。既正既直，既觚既方，庶疫刚瘅，莫我敢当。"颜师古说："如今常常有从土中得到的玉刚卯，依照玉刚卯的大小及其文字，服虔的说法是对的。"大澂所见到的玉刚卯，从来没有长三寸、宽一寸的，似乎晋灼的说法是正确的。颜师古赞同服虔的说法不可理解，恐怕有错字。

【点评】

以上说刚卯，一种辟邪的玉器。始于西汉。至王莽新朝，曾因避"卯"为刘字的部首而一度禁止。但东汉始又继续流行，汉以后废止不用。刚卯之名，当因其于正月卯日制成故称。刚卯之外，又有严卯，也是玉佩，二者形制、含意、用途相同，并用于辟邪，合称"双卯"。两汉时期最为流行，自皇帝、诸侯王至士人莫不佩戴。依等级用玉、犀、象牙、金或桃木制成，长方体，中有贯孔，可穿绳，四面皆刻有文字，多为驱鬼祛疫等辞。一般长约二厘米，宽约一厘米。一般每面八字，共三十二字，也有第一面十字、余面共八字的。虽陈陈相因，大同小异，但在古玉器的刻文中字数较多，却是一个突出的特点。

玉刚卯
东汉　安徽省亳州市博物馆藏

汉玉钫

汉玉钫^①：白玉，满身璊斑、土斑。（图183）

《说文》："钫，方钟也^②。"余藏有建平二年铜钫^③，与此形制正同，特有大小之别耳。

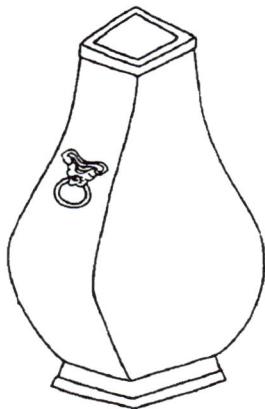

图183

【注释】

①钫（fāng）：古代盛酒浆或粮食的容器，青铜制成，方口大腹。

②方钟：原作"金钟"，据《说文解字》改。

③建平二年：公元前5年。建平，汉哀帝刘欣的年号（前6—前3）。铜钫：战国以前方形的壶叫壶，到了汉代就有了专名叫钫。现存的汉元始四年（4）铜钫上有铭文，曰："铜钫容六升，重廿九斤。"

【译文】

汉玉钫：白色玉，全身红色斑纹、土色斑纹。

《说文解字》："钫，方形的钟。"大澂藏有建平二年的铜钫，和这件玉钫形制正好相同，只有大小不同而已。

【点评】

以上说玉钫。玉钫是钫的一种。钫是古代酒器或盛粮食的器皿，商周时期就已流行。初为陶制，后来盛行为青铜钫。也有漆制的，称漆钫。玉制的极少。钫的造型如壶，但大体作方形，并因此名钫。长颈，鼓腹，方盖，高圈足。盖为四坡式，上立4个长S形纽。但不知何故，钫不见于"三礼"、《左传》、《史记》、前后《汉书》等的记载，似乎与当时礼制和日常生活的关系不是很重要吧。

汉玉镫

汉玉镫[①]：白玉，黄晕，制作精雅。（图184）

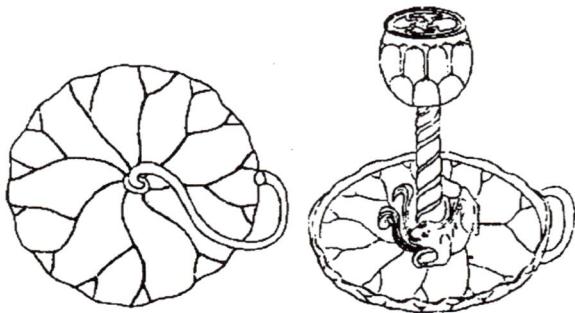

图184

【注释】

①玉镫（dēng）：玉制的灯。镫，古同"灯"。

【译文】

汉玉灯：白色玉，黄色光影，制作精致典雅。

【点评】

以上说玉灯，玉制的灯具，战国秦代多见。西汉时玉灯制作登峰造极，《西京杂记》卷三载："高祖初入咸阳宫，周行库府，金玉珠宝不可称言。其尤惊异者，有青玉五枝灯，高七尺五寸，作蟠螭以口衔灯，灯然，鳞甲皆动，焕炳若列星而盈室焉。"作者所得汉玉灯，也称"制作精雅"，可与《西京杂记》互证。

玉印

玉印：黄玉。（图185）

玉印：白玉，黑文。（图186）

玉印：白玉，红晕。（图187）

玉印：白玉，璃斑。（图188）

玉印：白玉，璊点。（图189）

玉印：青白玉。（图190）

玉印：白玉，璊斑。（图191）

玉印：白玉，土斑。（图192）

玉印：山元玉，水绣。（图193）

玉印：白玉。（图194）

玉印：山元玉。（图195）

玉印：白玉。（图196）

玉印：白玉。五色斑。（图197）

玉印：黑玉。（图198）

玉印：白玉，黄晕。（图199）

玉印：红白玉。（图200）

玉印：山元玉。（图201）

碧流离印：土斑。（图202）

玉印：山元玉。（图203）

玉印：玉色纯白，上有土斑。（图204）

右，汉玉私印二十钮①，关中出土者十，得之都门者一，徐翰卿访购得之者九。中有五钮为华亭张氏旧藏②，均已编入《十六金符斋印存》矣③!

【注释】

①私印：普通私人的印章。钮：块。

②华亭：今上海松江的古称。

③《十六金符斋印存》：古玺印谱录。清吴大澂辑。有10册本、26册本、30册本。为自藏印。吴隐于宣统元年（1909）重辑为30册本，收古玺31方，官印120方，私印675方，元

古玉图考

图185

图186

图187

图188

图189

图190

图191

图192

图193

图194

图195

图196

图197

图198

图199

图200

图201

图202

图203

图204

押印65方，共存印891方。

【译文】

　　玉印：黄色玉。

　　玉印：白色玉，黑色纹。

　　玉印：白色玉，红色光影。

　　玉印：白色玉，红色斑纹。

　　玉印：白色玉，红色斑点。

玉印:青白玉。

玉印:白色玉,红色斑纹。

玉印:白色玉,土色斑纹。

玉印:山玄玉,有水绣。

玉印:白色玉。

玉印:山玄玉。

玉印:白色玉。

玉印:白色玉,五色斑纹。

玉印:黑色玉。

玉印:白色玉,黄色光影。

玉印:红白玉。

玉印:山玄玉。

碧流离印:土色斑纹。

玉印
西汉中期　河北省博物馆藏

玉印
西汉中期　河北省博物馆藏

玉印：山玄玉。

玉印：玉色纯白，印上有土色斑纹。

以上汉代玉制个人印章二十块，关中出土的十块，京城得到一块，徐翰卿访求购得九块。其中有五块为华亭张姓人家早年收藏，都已经编入《十六金符斋印存》了。

【点评】

以上说汉玉私印。私印是除官职印以外的私人所用各类印章的总称。自战国以来，随着社会政治、经济和文化的发展，私人之间交往的需要，产生了代表个人凭证的信物私印。私印有"名章"和"闲章"之别。名章中有姓名印、字号印等；闲章中又有吉语印、收藏印、斋馆印、鉴赏印、书简印、花押印、生肖印等。私印的形制也很繁杂，如有方印、长方印、圆印、葫芦形印、随形印等。印文则有朱文、白文等不同表现形式。战国时私印随其所在诸侯国度，分别用六国文字。秦统一文字后私印用小篆，汉、魏印用汉篆，明、清至今私印所用字体繁杂不一，如甲骨文、金文、秦诏版、权、量文字、殳篆、镜文、钱币文、陶文、石刻文字等均可入印，极大地丰富了篆刻艺术的文化内涵。私印至今方兴未艾，但是溯其源流，汉玉私印则是重要环节，值得重视。

碧琉璃印

玉印：羊脂白玉。（图205）

玉印：羊脂白玉。（图206）

右，新莽玉印二[①]，关中出土。一曰"辟非射魃[②]"，一曰"寿成"。按《汉书·王莽传》："始建国元年，更名长乐宫为常乐室[③]，未央宫曰寿成室[④]。"是印龟钮与新莽时铜印钮式正同，其为莽印无疑。《说文》："魃，鬼衣也。"

图205   图206

【注释】

①新莽：指王莽或王莽建立的新朝。西汉末王莽篡权，改国号新，故称。

②射魃（jì）：传说中的神兽名。魃，此指传说中的小儿鬼。

③长乐宫：西汉都城长安主要宫殿之一。高帝时就秦兴乐宫改建而成，为皇帝视朝之殿。惠帝后为太后居所。故址在今陕西西安西北郊汉长安故城东南隅。常乐室：常，原文作"长"，据《汉书·王莽传》改"长乐宫曰常乐室"改为"常"字。

④未央宫：西汉都城长安主要宫殿之一。汉高帝七年建，常为朝见之处。《汉书·王莽传》载，改"未央宫曰寿成室"。新莽末毁。东汉末董卓复葺未央殿。唐未央宫在禁苑中，至唐末毁。《史记·高祖本纪》："萧丞相营作未央宫，立东阙、北阙、前殿、武库、太仓。"《三辅黄图·汉宫》："未央宫，周回二十八里，前殿东西五十丈，深五十丈，高三十五丈。"故址在今陕西西安西北长安故城内西南隅。汉都长安宫名。又称东宫、东朝。王莽改称常乐室。

【译文】

玉印：羊脂白玉。

玉印：羊脂白玉。

以上为王莽时的两块玉印，是关中出土的文物。文字一为"辟非射魃"，一为"寿成"。按《汉书·王莽传》："始建国元年，改名长乐宫为常乐室，未央宫为寿成室。"这块印的龟形印纽和王莽时铜的印纽式样正好相同，它为王莽时的印是没有疑问的。《说文解字》："魃，鬼的衣服。"

地皇元年七月①，大风毁王路堂②。是月，杜陵便殿乘舆虎文衣废藏在室匣中者出③，自树立外堂上④，良久乃委地⑤。吏卒见者以闻⑥，莽恶之，下书曰⑦："宝黄厮赤⑧。"疑此印。即作于是时，以祓除鬼衣之不祥⑨。盖莽性好时日、小数⑩，及事迫急⑪，亶为厌胜⑫。以刘（刘）字为卯、金、刀⑬，禁用刚卯、金刀，似当时刻此玉印以代刚卯者。《莽传》又云："和嫔、美御⑭，凡百二十人，皆佩印韍⑮。"是印小而精，或即宫人所佩欤？

【注释】

①地皇元年：公元20年。地皇，王莽新朝的年号（20—23）。

②王路堂：即未央宫前殿。始建国元年（9）王莽改称。《汉书·王莽传》改"未央宫曰寿成室，前殿曰王路堂"。

③杜陵：此指西汉宣帝陵墓。《汉书·元帝纪》："初元元年春正月辛丑，孝宣皇帝葬杜陵。"《三辅黄图·陵墓》："宣帝杜陵，在长安城南五十里。帝在民间时，好游鄠杜间，故葬此。"便殿：正殿以外的别殿，古时帝王休息消闲饮宴之处。乘舆：古代特指天子和诸侯所乘坐的车子。虎文衣：即虎文单衣。汉代皇帝侍卫武官之服，以襄邑岁献虎文织锦制成，故名。废藏：废置不用。室匣：内室中贮藏衣物的柜。

④外堂：古代帝王陵墓中外间的墓室。

⑤委地：拖垂于地。

⑥以闻：使听到，即报告。

⑦下书：下诏书。

⑧宝黄厮赤：贵黄色，贱红色。宝，宝贵。厮，古代干粗杂活的男性奴隶或小役。这里用其所含小、贱之义。

⑨祓除：清除，消除。

⑩时日：时辰和日子。古人迷信，以为时日有吉凶，常以卜筮决之。小数：术数。泛指

阴阳卜筮、鬼神仙道、祈禳厌胜之类。

⑪迫急：紧急，危急。

⑫亶（dàn）：古同"但"，只，仅。厌胜：古代一种巫术，谓能以诅咒制胜压服人或物。

⑬劉（刘）字为卯、金、刀："刘"的繁体字形"劉"，由卯、金、刀三部分组成。

⑭和嫔：女官名，西汉末年王莽置，为三夫人之一。美御：女官名，西汉末年王莽置，为三夫人之一。

⑮印韨（fú）：即印绶，印信和系印信的丝带。古人印信上系有丝带，佩带在身。《史记·项羽本纪》："项梁持守头，佩其印绶。"

【译文】

据《汉书·王莽传》载，地皇元年七月，大风吹毁未央宫前殿。这个月里废弃收藏于杜陵便殿皇帝所乘车的虎文单衣，从内室贮藏柜里出来，自己竖立在外堂上，很久才落垂于地。官兵见到的把这件事作了报告，王莽忌讳此事，下诏书说：'以黄色为贵，以红色为贱。'"怀疑这个印就是制作于那个时候，用以祛除鬼衣带来的不吉利。王莽本性喜爱时辰、日子之类术数小道，遇事紧急，只为制胜厌服邪祟。因为劉（刘）字为卯、金、刀三部分组成，禁止使用刚卯、金刀，似乎当时雕刻这块玉印就是为了代替刚卯的。《汉书·王莽传》又载："和嫔、美御，总共一百二十人，都佩带印绶。"这个印小巧精致，或者就是宫人所佩带的？

【点评】

以上据实物和《汉书·王莽传》等说新莽时期的两块玉印——"辟非射魅"印和"寿成"的由来，关乎王莽代汉的历史大变故、新莽的文化政策和王莽为人的思想性情等，揭示了两块玉印所共同负载的历史信息，及其由此而来的文物价值。作者的结论倾向于认为这两块玉印为新莽宫人所佩，可备参考。这里稍作补充的是，总体说来，新莽时期的玉印承西汉之制，形式上与前者没有大的区别，但无论官、私所制，都比西汉更为精美。私印更多讲究，如加用鎏金，印文布局讲究均匀整齐等，都较前代更为华丽生动。而且私印的形体也有所增

玉螭虎钮印
东晋　江苏省南京市博物馆藏

白玉兽钮印
南宋　浙江省衢州市博物馆藏

大，并出现了三字横列的印式。另外朱文汉印在这一时期也出现了。长沙黑石头新莽时期墓中出土的朱文"黄晏"印，否定了学术界长期以为"朱文印始见于东汉末"的说法，把这个时间提前了近二百年。

隋玉麟符

隋玉麟符①：绿玉，有璃斑。（图207）

此佩玉符，非发兵符也。上作苍麟系绂形②，用宣圣故事③。按《拾遗记》载④："夫子未生时⑤，有麟吐玉书于阙里人家⑥。圣母知为神异，乃以绣绂系麟角，信宿而去⑦。鲁定公二十四年⑧，鲁人锄商田于大泽⑨，得麟，以示夫子。系角之绂犹在焉。"《隋书》⑩："樊子盖检校河南内史⑪，有治

图207

绩，为别造玉麟符，以代铜虎。"大澂窃疑隋制麟符为佩玉，乃当时特赐之符，非常制也。《唐书》"隋造玉麟符代铜虎符"⑫，此相沿之讹耳。范石湖诗"仙翁来佩玉符麟"⑬，当即用隋时掌故。是玉制作精雅，似隋唐间物，可贵也。

【注释】

①隋：底本原文误作"随"，据下文改。

②苍麟：深青色的麒麟。绂（fú）：古代系印纽的丝绳。

③宣圣：汉平帝元始元年（1）谥孔子为褒成宣公。此后历代王朝皆尊孔子为圣人，诗文中多称孔子为"宣圣"。

④《拾遗记》：又名《王子年拾遗记》，十卷，东晋王嘉（？—约390）撰。王嘉，字子年。陇西安阳（今甘肃渭源）人，著名方士。

⑤夫子：称孔子。

⑥麟吐玉：即麒麟吐玉。相传孔子将生之夕，有麒麟吐玉书于其家，上写"水精之子孙，衰周而素王"，意谓他有帝王之德而未居其位。见清孙星衍辑《孔子集语》卷十三《事谱十一》（下）。阙里：即今孔子故里山东曲阜城内阙里街。因有两石阙，故名。孔子曾在此讲学。后建有孔庙，几占全城之半。多用为孔子故里的代称。

⑦信宿：连住两夜，也表示两夜。

⑧鲁定公二十四年：公元前484年。鲁定公，即姬宋，为春秋诸侯国鲁国君主之一，是鲁国第二十五任君主。

⑨锄商：人名。田：古同"佃"，耕作。大泽：大湖沼，大薮泽。

⑩《隋书》：八十五卷，唐魏徵（580—643）等撰。魏徵，字玄成。魏州曲城（今河北馆陶）人。唐初名相，著名历史学家。

⑪樊子盖（545—616）：字华宗。庐江（今安徽舒城）人。历仕北齐、北周。隋初以仪同领乡兵。炀帝时曾任检校河南内史，累迁光禄大夫，封建安侯，后封济公。《隋书》有传。检校：官名。晋始设。原为散官，元以后为属官。清代仅府有检校官，为低级办事官员。

⑫《唐书》：纪传体唐代国史。包括《旧唐书》和《新唐书》两种。《旧唐书》，后晋刘昫监修，作者张昭远、贾维等，200卷。《新唐书》，宋代欧阳修、宋祁等作，250卷，史料上对《旧唐书》有所补充。隋造玉麟符代铜虎符：新、旧《唐书》无此语，恐为作者误记。

⑬范石湖：即范成大（1126—1193），字致能，号石湖居士。吴郡（今江苏苏州）人。南宋诗人、散文家、学者。著有《石湖大全集》、《石湖居士诗集》、《石湖词》、《梅谱》、《菊谱》等。仙翁来佩玉符麟：原文为"仙人来佩玉符麟"，据《石湖诗集》改。

【译文】

隋玉麟符：绿色玉，有红色斑纹。

这块佩是玉符，不是发兵符。玉符上作苍麟系丝带的形状，用孔子的故事。据《王子年拾遗记》载："孔子没有出生时，有麒麟吐玉书于鲁都曲阜阙里人家，孔子的母亲知道这是神灵奇异之事，于是用刺绣的丝带系在麒麟角上，麒麟连住两夜才走。鲁定公二十四年，鲁人有个名叫锄商的在大洼里耕田得到麒麟，拿给孔子看，系在麒麟角上的丝带还在呢。"《隋书》："樊子盖任河南内史检校官有政绩，为他特别制造了玉麟符，以代替铜虎符。"大澂私下怀疑隋代造的麟符是佩玉，为当时皇帝特别赏赐之符，不是常用的形制。《唐书》"隋代制造玉麟符，代替铜虎符"，这是相互沿袭的错误。范成大诗"仙人来佩玉符麟"，应当就是用隋代的故事。这个玉符制作精致典雅，好像是隋唐时期的器物，非常宝贵。

【点评】

　　以上考论隋代玉麟符。一者揭示此符之制作玉麒麟形，是取孔子故事，表明其为吉祥之物，而非发兵之符；二者作者所见此件玉麟符当即隋唐物，十分宝贵。这两点都是正确的。

　　但作者以为"隋制麟符为佩玉，乃当时特赐之符，非常制"似有错误的成分。即隋炀帝当时为大臣樊子盖"别造玉麟符，以代铜虎符"，可能是"特赐"，却不一定是创新性的"特制"，而是区别于一般大臣的"别造"即另制。这种另制当时很可能不属于"常制"，但未必就是第一次和仅此一次，而且后来不一定不能成为"常制"。因为据《旧唐书·屈突通传》载："及文帝崩，炀帝遣通以诏征汉王谅。先是，文帝与谅有密约曰：'若玺书召汝，于敕字之傍别加一点，又与玉麟符合者，当就征。'"就提到了"玉麟符"。可见玉麟符在隋文帝时就已经有了，也未必仅是给了汉王杨谅一人。后来炀帝赏赐樊子盖"别制玉麟符"，乃沿文帝旧制。又据《旧唐书·职官志》载，唐代官员用符，"京都留守曰麟符"。其所称"麟符"也许不是玉麟符，或为铜制，但仍是沿用了隋玉麟符的麟形，可见隋玉麟符在后世还是有影响的。而且唐代既有铜麟符，就很可能也会有玉麟符，只是少见而未见罢了。所以作者以其所得玉麟符"似隋唐间物"，没有坐实为炀帝特制赐樊子盖的一件，是审慎的看法。

唐玉鱼符

　　唐玉鱼符①：白玉，微带瑎点。（图208）

　　左武卫将军②，见唐《姜行本纪》文③。唐铜鱼符传世甚多④，惟玉符则仅见⑤。陈寿卿太史介祺云："三十年前曾在都门见之，后不知所在。"大澂于都中厂肆访得此符，书告寿卿丈，同为称快⑥。

【注释】

①鱼符：隋唐时朝廷颁发的符信，雕木或铸铜为鱼形，刻书其上，剖而分执之，以备符合为凭信，谓之鱼符，亦名鱼契。

②左武卫将军：官名。隋朝十二卫将军之一，置二员，从三品，佐大将军总府事并统诸鹰扬府。唐朝沿置二员，从三品，掌宫禁宿卫，凡翊府之翊卫、外府熊渠番上者，分配之。

③《姜行本纪》：又名《姜行本纪功碑》。唐代汉文石刻，楷书，贞观十四年（640）闰五月立。碑文内容为记述唐朝将领姜行本率领巧匠随交河道行军大总管侯君集西征高昌，在时罗漫山（今哈密北的天山）伐木制造攻具的事实。姜行本（？—643），名确，以字行。泰州上都（今江苏泰州）人。

④铜鱼符：铜制的鱼形符信。古代官员用以证明身份和征调兵将的凭证。后周世宗显德六年（959）废除，但后世仍以"铜鱼符"、"铜符"作为郡县长官或官职的代称。

⑤玉符：这里特指玉质的鱼符。

⑥称快：表示高兴、快意。

图208

【译文】

唐玉鱼符：白色玉，稍微带红色斑点。

这件左武卫将军符，见于唐《姜行本纪功碑》文记载。唐代铜鱼符流传后世很多，唯有玉符仅此一见。陈介祺太史说："三十年前曾在京城见到过，后来不知道到哪里去了。"大澂在京城琉璃厂店铺寻访得到这个玉鱼符，写信告诉陈寿卿老先生，都感到高兴。

【点评】

以上说唐代的玉鱼符，一种鱼形的玉符。唐前的玉符，除隋代有玉麟符之制外，本来都

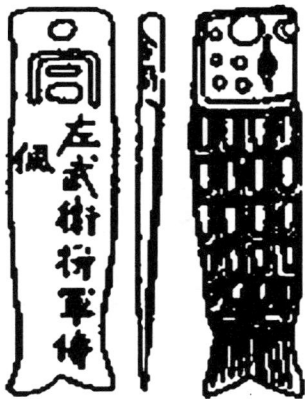

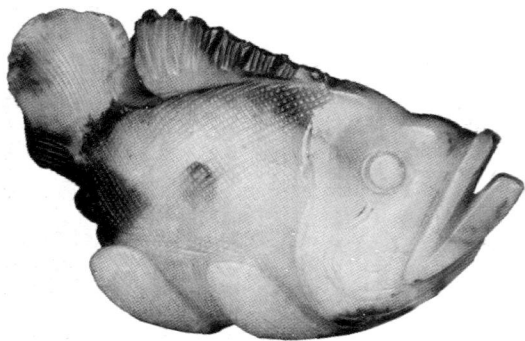

玉鱼
元　故宫博物院藏

玉虎
西周　河南洛阳出土

为虎形，应是取如虎之威以行军令之意。但至唐代，由于唐高祖李渊的祖父名虎，这个"虎"字连同虎形就都成了唐朝人的避讳，导致废止虎符，改用鱼形的兵符称"鱼符"。据《旧唐书·职官志》载，唐代官员用符有四种，包括鱼符两种："一曰铜鱼符，所以起军旅，易守长……三曰随身鱼符，所以明贵贱，应征召。"武则天朝改为"龟符"，中宗时又复为鱼符，从而唐朝用铜鱼符治兵成为军政的一个特色。但玉鱼符少见于记载，仅新、旧《唐书》、《唐六典》等记朝野用符有"太子以玉"的话，而《唐令拾遗·公式令第二十一》载："诸皇太子给玉鱼符，左二右一。左者在内，右者随身。"可知玉鱼符在唐代用量少，传世稀，作者说"唐铜鱼符传世甚多，惟玉符则仅见"是一个事实，而至今更属罕见之物，极为宝贵。

玉押^①：青白玉。（图209）

玉押：白玉，瑀点。（图210）

玉押：羊脂白玉。（图211）

玉押：白玉，黑文。（图212）

玉押：白玉，瑀斑。（图213）

玉押：白玉，满身瑀斑。（图214）

玉押：青玉。（图215）

玉押：白玉，水银浸。（图216）

玉押：白玉，水银浸。（图217）

玉押：白玉，水银浸，曾经地火。（图218）

【注释】

①押：在文书、契约上签名或画记号。

【译文】

玉押：青白玉。

玉押：白色玉，红色斑点。

玉押：羊脂白玉。

玉押：白色玉，黑色纹。

玉押：白色玉，红色斑纹。

玉押：白色玉，全身红色斑纹。

玉押：青色玉。

玉押：白色玉，有水银浸渍的痕迹。

图209

图210

图211　　　　图212　　　　图213　　　　图214

图215　　　　图216　　　　图217　　　　图218

玉押：白色玉，有水银浸渍的痕迹。

玉押：白色玉，有水银浸渍的痕迹，曾被地下的火烧过。

【点评】

以上说玉押，为古代押的一种。押本为信符，作为凭信而在公文、契约上所签的名字或代替签字的符号，在官衙及商界亦通用之。押的历史最早可追溯到南北朝时期，《北史·崔宏传》载"宏自非朝廷文诰，四方书檄，初不妄染，故世无遗文。尤善草隶，为世摹楷，行押特尽精巧，而不见遗迹"。唐代李贺《河南府试十二月乐词·五月》诗中有"雕玉押帘额，轻縠笼虚门"之联，却未必就是这里所说的玉押。但宋朝时确已十分讲究，《宋史·职官志七》载："凡批销必亲画押，不许用手记。"押被制为印信在官方正式使用，可能到了元朝才真正盛行起来。据《元史·顺帝本纪》载："顺帝冬十月辛未，享于太庙。丁丑，诏：'左右丞相、平章、枢密知院、御史大夫得赐玉押字印，余官不与。'"元陶宗仪《辍耕录》载："今蒙古色目人之为官者，多不能执笔画押，例以象牙或木刻而印之，宰辅及近侍官至一品者，得旨则用玉图书押字，非特赐不敢用。"两者互证，可知元代只有某些高官才能使用玉押。上图玉押竟达十块之多，堪称奇观！

青玉龙钮押
元 故宫博物院藏